愿你慢慢长大

·爸爸写给女儿的二十封信·

李映宏 著

海天出版社
·深圳·

图书在版编目（CIP）数据

愿你慢慢长大：爸爸写给女儿的二十封信 / 李映宏
著． — 深圳：海天出版社，2019.2
ISBN 978-7-5507-2371-9

Ⅰ．①愿… Ⅱ．①李… Ⅲ．①家庭教育 Ⅳ．①G78

中国版本图书馆CIP数据核字(2018)第060718号

愿你慢慢长大：爸爸写给女儿的二十封信
YUAN NI MANMAN ZHANGDA：BABA XIE GEI NUER DE ERSHI FENG XIN

出 品 人　聂雄前
责任编辑　南　芳
责任校对　李　想
责任技编　郑　欢
装帧设计　知行格致

出版发行　海天出版社
地　　址　深圳市彩田南路海天综合大厦7—8层（518033）
网　　址　http：//www.htph.com.cn
订购电话　0755-83460397（批发）83460239（邮购）
设计制作　深圳市知行格致文化传播有限公司
印　　刷　深圳市新联美术印刷有限公司
开　　本　889mm×1194mm 1/32
印　　张　8.5
字　　数　160千字
版　　次　2019年2月第1版
印　　次　2019年2月第1次
印　　数　1—4000册
定　　价　35.00元

序一
喧嚷世代的家信

这卷致女儿的书信，是一张情感的单程证。十岁的女儿要穿山越岭，多年以后，才能领悟其中的深意，去回函远方，留痕生活。这是幽深岁月的失落，也是深情生命的牵挂。

移动互联网时代，人人低头于手机上的碎片光影，遥控器一分钟就换几个台，饭店吃饭等不得一刻，快递员满街穿梭。书信变得奢侈，邮筒身影孤独。父亲俯身写给女儿的几札书信，因为难得，所以珍贵；因为普适，得以出版。这番家人话语，如同一面镜子，照见他自己，叠映两代人，留鉴当下和来年。

生涯各异，大道相通。生动趣致的是细节，感悟体察在路上。同一屋顶下的亲情，亲情的一份用心，心头的殷殷切切，原是家信的底稿，无须过多修饰，便能自成一格。俗话说，女儿是父亲冬日的小背心，更有调侃称是前世的情人，那种微妙的快乐和期许，以及携手远方的傲娇，可以托付于纸上春秋。

二十封信，饱含着为父者的生存感悟。家族往事、迁徙历程、周边人情、生活琐屑、哲理格言、科学艺术、基金理财、个性修为、人生得失、自由品性，几乎无所不包，不论女儿懂不懂，有没有兴趣，为父之爱、为父之知，如滔滔江河，滚滚而来。并由私信而公示，由散件而成集，浇了自个的块垒，扬了慈父的关爱，步了育人的幽径。

民国时胡适先生曾呼吁民众去写家史自传，以民间视野和实料，订正补充国史。私人的日记、书信、相册，无疑能真切透露家国运道，成为历史来来去去大小路口的标识。一如绵长经年的《傅雷家书》，其言谆谆，其情切切，斯人已逝，却有真知灼见、家境世情汇集流传。穿越人生的大险大恸，那些和风细雨的家叙，成为后世的惊回首、震堂木。

一个人只能陪伴另一个人生命中的一段，伦常如是。再看场上跳高，最终都会杆落谢幕，体悟和超越都在过程之中。所幸人的眷念可以是隔世的超越，悲欣交集，历久弥新。

想说就说，想写就写，想笑就笑，想哭就哭，想自我抒发就自我抒发，想明明白白地爱就明明白白地表达。生活不过如此。自己的生命，自己的情感，是为自由。

邓康延

序二
一本属于我们这个时代的家书

李映宏兄的新书出版在即，要我写几句话，以之为序。老实说，我对写序一事有点惧怕，有限的几次作序的感觉都不甚好——总是担心佛头着粪，又不擅长当面表扬，写来就缩手缩脚。序之于我，算得上是一种高难"文体"了。

映宏兄跟我是武大校友，但我们私下的交往非常有限，早期偶尔通电话，后来更多的是通过文字——他创建的微信公众号影响很大。前两年，牛市即将到来之际，他在电话里说，可以到我所在的后院读书会给朋友们讲讲股市大势。恰好那段时间我忙于工作，跑到别的城市去采访一些德高望重的老人家去了。于是这个讲座就搁置了下来。后来虽然还有机会再讲，但股市已经波澜壮阔，意义就完全不一样了。我有时开玩笑说，如果当时他来讲了，身边实现财务自由的人大概又多了一些。我这个话也不是随便讲的，因为我在他的文章里看见他在股市大跌之前及时预警，呼吁离场。像这样有先见之明又能剑及履及的人，我只认识两个，他是其中一个，另一个是我的大学同学老全。

"龙门"里面的财经文字，写得杀伐决断，经常神机妙算，有点天纵英明的样子。忽一日读到他写给女儿的信，一个完全不一样的李映宏出现了。书信里的李映宏时而娓娓道来，时而语重心长，时而苦口婆心，时而面面俱到。他把生命的管理、人生的规划、理想的实现等等，讲得堪称全面、自然，他谈立志、读书、运动、理财，乃至尊老爱幼，都能深入浅出，使人入耳进脑，当然也能长留于心。俗话说"可怜天下父母心"，这虽是一句套话，但套话总有套话的道理。我们"中国式"的父母为了儿女，可谓全然无保留、随时可牺牲、甘愿委曲求全，种种用心良苦，真是人世间一种惊天地泣鬼神的实感真情。

也正因为如此，家书是一种特别值得我们注意的文体。在中国传统文化中，家书的写作源远流长。对于我们这一代人而言，知名度最大的家书，一是《曾国藩家书》，另一本就是《傅雷家书》了。据说在民国，稍微有些文化的家庭里，都会备一本《曾国藩家书》。曾国藩是清朝的名臣，在事功方面建树显著，他的后人也是人才辈出，这就证明他的那套修身养性的儒家见地不是空谈，值得重视。傅雷则是性情刚烈的知识分子，他的言传身教在很大程度上影响了他的儿子傅聪，而傅聪是有成就的钢琴演奏家。当然，傅雷有关艺术的卓越见解早就超出了"教子书"的范畴，也是自不待言的。

映宏兄在他的家书里，希望他的儿女健康快乐、有能力去做自己喜欢做的事情，也就是成为一个"普通人"。

在某种意义上，我觉得他自己也是以这样一个"普通人"自居的。我如果把他的家书说成堪与《曾国藩家书》或《傅雷家书》等量齐观，那多少有点拟于不伦。曾国藩和傅雷真不是普通人。但正因为"普通"，李映宏的家书有其独特的价值和意义。这是一本"我们的家书"，是一本相当接地气的家书，是几乎每一个人稍微努把力都能够得着的家书，是我们这个时代又或者说是我们这一代人的家书，因此它特别具有参考借鉴的价值。在深圳乃至全国很多地方，很多人都不一定有李映宏这样的闲情逸致，不一定像他这样热衷"舞文弄墨"，那么，找一本别人的家书，采取"拿来主义"，看看别人的爸爸或妈妈是怎么跟自己的儿女对话的，可能会有意想不到的启发与收获。

王绍培

序三
你若安好，我就幸福

《愿你慢慢长大：爸爸写给女儿的二十封信》就要出版了。

这本书的撰写和出版纯属偶然。早在 2015 年 10 月，女儿所就读的小学要给当时四年级的他们组织一次"成长礼"活动，要求每位家长给自己的孩子送一份礼物。送一份什么样的礼物给她才有意义呢？现在的孩子，是从来不缺少礼物的，我女儿自己的房间，早已堆满了各式各样的玩具，如果再送她一份类似的礼物，对她来说是毫无意义的。思来想去，我认为给她写封信作为礼物会更有创意，也更有意义。

于是，就有了写给她的第一封信。我相信，这对她来说肯定是一份特别的礼物。

我创办了一个颇具影响力的，叫做"龙门"（longmen518）的微信公众号。给女儿的信写好后，我就顺便把信也发到了公众号上。没想到，反响极为热烈，"粉丝"们纷纷在后台留言，希望我把给女儿的信写成一个系列，让更多的人受益。于是，就有了后来的十九封信。

　　市面上已经有很多名人的家书了，比如著名的《曾国藩家书》《傅雷家书》、龙应台和她儿子的书信往来集《亲爱的安德烈》等，都颇具影响力。作为一名普通人，我为什么要将自己写给女儿的二十封信结集出版呢？原因有三：

　　第一，普通人的书信，自有其普通人的视角，而世界上大多数人都属于普通人，我相信所有的普通人，都希望知道其他的普通人是如何看待这个世界的。我认为，这样的交流，更加平等，读者可以像与朋友聊天一样，互相探讨人生的意义等谁都无法绕开的话题。

　　第二，我给女儿的书信在我的微信公众号上陆续发表以后，"粉丝"纷纷给我留言，表达了这些书信对他们和他们子女的影响。成都的一位网友告诉我，他处于青春期的儿子十分的叛逆，父子之间的交流极为困难，他的儿子甚至有向不良少年发展的倾向。他偶然看到我写给女儿的信后，感觉非常适合他儿子阅读，就通过微信，断断续续地转发给他的儿子。没想到的是，我写给女儿的信对他儿子产生了可喜的影响。阅读完这二十封信后，他儿子仿佛变了个人——变得喜欢学习了，变得愿意跟父亲沟通了，变得积极向上了。有次我到成都出差，他还专门请我吃饭，表达了对我诚挚的谢意。这让我非常开心。

　　第三，某高管，看了我写给女儿的信后，专门约我一起喝茶，谈他阅读的感受。他告诉我，作为同龄人，我的文字道出了他想说但没能说出的话，我的文字将他引入了他曾经的记忆。他告诉我，他花了一整天的时间，逐一阅读了我的二十封信——类似的阅读经历，他只有在少年时代阅读金庸的武侠小说时才有过。非常感谢这位因文相交的朋友，他让我知道，我的信，不仅适合孩子们阅读，对于成人，也是有吸引力的。

所以，我在朋友们的"怂恿"下，决定将我给女儿的二十封信付梓，让更多的孩子以及孩子的父母受益——如果能够达到这样的目标的话。

给女儿的信多达二十封，其涵盖面自然会很广。它们涵盖了如何寻找人生的意义，如何看待学习，如何从阅读和旅行中感受到快乐，如何理解和看待财富以及如何通过投资理财来取得财富等方面；还有更多的篇幅，是用来讲述我和我的原生家庭的故事的。这些信对于我 12 岁的女儿来说，很多是她暂时不能理解的。但这没关系，作为父亲，我相信，正式出版了的书信，肯定会成为我的女儿和她的双胞胎弟弟最珍贵的精神礼物，陪伴他们终生；我同时也相信，我的孩子们会从我的文字中，感受到父母对他们深沉的爱。

现代社会是一个加速发展的社会，新的技术，比如人工智能，正在对人类社会产生堪称颠覆性的影响。我们旧有的观念是否还能指导下一代呢？对于这个问题，我无法给出肯定或者否定的答案。但是，一些原则性的认知，我认为是不会过时的，比如，养成锻炼身体的习惯，让自己拥有一个强健的身体；比如，坚持学习，让自己始终不落伍于时代；比如，正确认识财富的价值和意义以及有获取财富的能力；比如，热爱生活，始终保持积极、乐观、向上的精神风貌等等，我敢肯定这些都是适合于任何时代的。所以，我在给女儿的信中，更多地是以一个平等的、娓娓道来的姿态，与她对话。最终的结论是，我希望我的女儿能够成为一名"普通"的人而非"成功"的人。所谓"普通"的人，就是通过学习，学会选择，具备选择的能力；通过合法的手段，获取财富并善于理财，在合适的年龄实现财务自由；有健康的身心，有自己的爱好，有能力去做自己喜欢的事情；能够控制自己的情绪，尽可能地保持和获得愉悦的身心，创造和享受自己健康丰富的人生……如果她能够如此健康、快乐、幸福地过好自己的生活，作为父亲，我已经很满足了；而我认为，我的这些标准其实是很高的。

　　在给女儿的信中，我还用了相当的篇幅来讲述我们家族的历史或者说是故事（这些家族历史或故事又何尝不是我们这个时代的历史和故事的缩影呢？），比如我的祖母、父亲和母亲的故事，我自己的故事。这些时代背景，更多的是发生在改革开放前或改革开放初期，是典型的农村生活场景。我知道，在未来的阅读中，我的女儿会有机会接触到这些东西的，但是，由作为父亲的我来跟她讲述，会来得更加亲切和真实。我相信，我和我的父辈们所亲身经历的那些历史，对于生长于大都市的女儿来说，将是弥足珍贵的。那些文字大概能部分解答我女儿心中关于"我从哪里来"的问题。

当然，这本书也是送给我两个孪生儿子——李楼清宇和李楼晨宇的。对姐姐的期待，也是对两个弟弟的期待。

我要感谢我的太太楼国萍女士，是她鼓励我坚持写作，并陪伴着我走过了我们相识、相知、相爱之后的无数快乐或不快乐的日子；

我还要感谢我的师兄何春华，他一直是支持我写作的兄长，更重要的是，在我初来深圳的那些艰难的日子里，何师兄给了我诸多无微不至的照顾；

我还要感谢邓康延、王绍培两位兄长拨冗为我写序，他们的生花妙笔，给我的书增添了不可或缺的华彩；

最后，还要感谢海天出版社的大力支持，才使得这本书最终能够与大家见面。

李映宏

目 录 CONTENTS

第一封信
长大后，希望你能成为这样的人

亲爱的女儿：

你好！

窗外，我们家的小院里洒满了秋日的阳光，鸟儿在鸣唱，也有狗在叫，一片祥和的氛围。我坐在窗前给你写信，你和几个小伙伴在地下室上奥数课。写作是爸爸的最爱，奥数却不一定出于你和小伙伴们的自愿。这样一个阳光明媚的上午，我们本可以去野外玩耍，带着你的两个孪生弟弟。但是，我们却没有这样做。你在做妈妈为你安排的事，爸爸在做自己喜欢的事。不过，爸爸也不反对妈妈的安排。因为，九岁的你，现在做一些你可能很不乐意做的事情，等你到了爸妈这个年纪，就可以像我们一样，有能力做自己喜欢做的事情了。

你们学校要为你们举办一场成长典礼。老师要求家长们给孩子准备一份礼物。你很小的时候，三天两头都能得到礼物。我知道，你最缺少的，就是礼物。

物质的丰盛，是你们这代人的幸福。但什么样的礼物，对你会更有意义呢？思前想后，爸爸决定送你一份特别的礼物——给你写信。通过信，跟你说说爸爸想对你说的话。

你是一个聪明的孩子。但是，你并不是很喜欢学习，还没有养成自觉学习的习惯，甚至连学校布置的作业，你都要在妈妈的督促乃至呵斥之下才能勉强完成。但是，你没有选择的权利，就像爸爸不能选择不认真工作一样。在你刚上学的时候，就有人跟妈妈说，课堂的教育只是"普惠"教育，如果孩子未来要上好学校，就必须在课外努力。所以，我们请了奥数家教、英语家教。在大人的"威逼"下，你每个周末的一大半时间，都必须上课。我们请的英语老师布置你观看《阿凡达》的英文原声电影，爸爸是在上大学的时候才有类似的课程。你被迫认真地看了。有一天，爸爸听到你为《阿凡达》做的配音时，爸爸很惊讶，你居然能够说出一口流利的美式英语。你参加的英语演讲比赛，演讲词是妈妈为你写的，至少达到了大学英语四级的难度。你在妈妈和英语外教的帮助下，居然也能将稿子流利地背诵出来，而且发音标准。在与高年级同学的同台竞技中，你取得了好成绩，拿了一等奖。

大人们都在讨论：什么是素质教育？一开始，爸爸也以为，为你们减负，让你们多玩，充分享受童年的快乐，就是素质教育。后来，随着爸爸阅读量的增加，爸爸才知道，欧美国家的素质教育，并非只是让孩子疯玩。在英国和美国，还有德国，的确有很多家庭是让孩子随心所欲地玩。但是，那些重视家族传承的家庭，大都花费重金，把自己的孩子送进私立学校。比如英国著名的私立学校伊顿公学，那里的孩子过得一点都不轻松。伊顿的学生除了参加统考外，还多了一项伊顿考核，每年12月进行，它比中学统考要难得多。伊顿的学生几乎都能通过统考，却不能保证都通过伊顿考核。如果不幸，多次未通过伊顿考核，孩子就必须转学了。他们的学业压力，一点不比你小。他们还要学习钢琴、礼仪、运动等等，每天都要忙到深夜。在任何时代，任何国家，一个人要具备良好的素质，都必须依靠勤奋学习。除了天才儿童，任何取得成功的人，任何在长大之后有能力选择生活的人，他们在童年、少年和青年时代，都必须付出艰苦的努力。

爸爸不会把成功作为对你未来的期望。爸爸希望你长大后，能成为一个有能力选择做自己喜欢做的事，并且性格健全的普通人。你喜欢玩，但是要玩得开心，玩得有味道，玩得从容不迫，这就需要学习。爸爸知道，成年人要玩得开心，并非是整天天昏地暗地打麻将，而是他拥有选择做自己喜欢做的、有意义的事情的权利。你从小自己选择了学钢琴、舞蹈、围棋、画画……后来，爸爸妈妈为你做了减法，最后只有钢琴和舞蹈让你坚持下来。舞蹈的确是你自己喜欢的，所以你从来不会抱怨，一直都很投入。但是，钢琴却枯燥得多，你几度中断。但是，在大人的引导和你自己的反复考虑之后，你还是坚持了下来。如今，你已经能弹奏出很流畅的音乐了，你也逐渐开始享受到了弹奏的乐趣。你现在还不能体会，等到你长大了，你就会明白会弹钢琴是一件多么令人开心的事情。当你不开心的时候，你就能坐下来，弹弹你喜欢的乐曲，你会在弹奏中，找到幸福与快乐。

小孩子的快乐很容易得到，随便一件好玩的事情，都能让你开心。但是，对于成年人，开心和幸福的感受却不是轻易能够得到的。比如，爸爸不会弹奏，所以爸爸也无法像你一样，在不开心的时候，弹弹钢琴，心情就好了。

给你提一些希望吧：希望你长大后，是一个喜欢锻炼身体的人，是一个喜欢阅读的人，是一个喜欢写作的人。爸爸为什么要提这些希望呢？这源于爸爸对生活经验的总结。

养成锻炼身体的习惯

习惯了锻炼，那么，一个成年人，就会拥有健康的身体和心理。这太重要了。健康——最好拥有强健的身体，是一切的基础，是快乐、幸福、取得世俗化成功的基础。幸福是一种身心体验，与物质基本无关。养成锻炼身体的习惯并持之以恒的人，大多数会是幸福感较强的人，因为他具备承载幸福快乐的身体和心理基础。

养成阅读的习惯

阅读不仅仅是学习。因为，仅仅靠自身的经历，一个人对世界的认识是有限的。而阅读，是一种交流和碰撞：与古人，与今人，与父母，与老师，与外国人，与有智慧的人……这是一种跨越时空的旅行，是一种穿越。阅读能够让你获得最大限度的自由。所谓最大限度的自由，是心灵的自由。

爸爸喜欢长时间的空中飞行，因为在飞机上，爸爸被强迫关闭手机，隔绝与外界的一切联系。这时，爸爸就可以阅读了，可以毫无干扰地阅读。阅读可以让爸爸脱离现实的牢笼，自由翱翔于书中的世界。

希望你未来的阅读，是非功利性的阅读。那些看起来"无用"的书籍，比如历史、哲学、文学、科幻、古今中外的人物传记等，这些书籍也许不会给你带来任何技能，也不可能为你带来物质的财富，但是，它们却能塑造高尚的情怀。是的，一个人应当具备高尚的情怀。爸爸所言的高尚，并非传统道德层面的高尚，并非是那种大公无私、大义灭亲的高尚。高尚是一种精神体验，是一种基于接近心灵自由的幸福体验。一个自私、狭隘、从来不为他人着想的人，不为他人奉献的人，他也不会是一个快乐的人。

你最好能阅读古今中外的经典。因为经典是人类智慧的结晶，它能培养你良好的思维能力，让你从不同的角度看待世界。爸爸之所以能熬过生活中那些苦难的时刻（你未来也会有同样的经历），就是把阅读当成了一种信仰。

养成写作的习惯

如果说阅读是一种心灵的放松，那么写作便是一种深度的思考。

女儿，你还在读小学二年级的时候，爸爸曾经引导过你，希望你未来可以成为一名作家。像你喜欢的郑渊洁爷爷，正是写作让他成为一个极为自由的人。

人和动物最大的区别，不仅仅在于人会深入思考，能持久记忆，更在于人是可以通过文字来传承文明的。文字表达能力的差别，会体现在人与人的能力差别上。

殷墟甲骨文的出土，将有记载的中华文明史向前推进了近五个世纪。文字的出现，是一个民族文明起源的关键标志。这说明，能够驾驭文字，是多么重要的一件事。如果没有写作，你可能无法发现，自己能思考到这么深入；如果没有写作，你也无法发现，其实自己也能写出这么优雅的语句；如果没有写作，你的思考将是碎片化的，而写作可以将你的思考系统化。

　　写作还可以起到整理自己思路、思想的作用。无论在工作中，还是生活中，它都会对你有难以想象的帮助。写作还是一种交流方式：自己与自己的交流，自己和特定对象的交流，自己和多数对象的交流。人和人是需要交流的。交流可以产生碰撞，碰撞可以产生火花。

　　你读了一本书，如果再写一篇读书笔记，那么书中内容就会变成你自己的东西。爸爸就有写读书笔记的习惯，希望你也能养成这样的习惯。持续地阅读和写作，会让你在不知不觉中成为一个与众不同的人。"腹有诗书气自华"，说的就是这个道理。爸爸在整个学生时代，尤其是中学时代，都有写日记的习惯。写日记，帮助爸爸度过了那个充满挑战的岁月并养成了独立思考和深入思考的习惯，还让爸爸以文会友，交到了很多朋友。最重要的，是让爸爸更加清楚地认识了自己。

　　亲爱的女儿，爸爸今天给你说了这么多，肯定有很多你暂时还看不懂的地方。没关系，等你再长大一些，你就会逐渐明白。爸爸并不会盼着你赶快长大。你才九岁，上小学四年级，很可能还有些懵懂——不知道学习的重要，不知道持续学习的重要，更不懂得爸爸妈妈强迫你做某些事情的道理。但爸爸知道，你是独特的，是优秀的。

　　你并不是为爸爸妈妈活着，而是为你自己活着。生命本来是没有意义的，它犹如一个空空的瓶子，所谓的意义，并非在于你得到了什么，而是在于你做些什么、想些什么、期待些什么；用这些东西把瓶子装满了，你的生活和生命就有了意义。

最后送你一句话："阅读积累知识，旅游积攒见闻，交流碰撞火花，工作创造成就，写作创造智慧，一切归于生活。"

祝你好运！

爱你的爸爸

第二封信
人生是美好的

亲爱的女儿：

你好！

爸爸经常跟朋友一起吃饭。说是吃饭，其实是交流。在中国，朋友们约在一起吃饭，并非仅仅是为了吃饭和喝酒，而是为了交流；就跟欧美人开派对一样，是利用某种形式把大家聚在一起交流。爸爸说过，交流可以碰撞出火花，思想的火花。思想太重要了，有好的思想，才会有好的行动，有好的行动，才会有好的结果。

城市为什么重要？是因为有很多人，很多优秀的人来自五湖四海，相聚在一起，人口的密度会比乡镇大得多，所以人和人的交流就会变得十分方便且频繁，人的思想也就更活跃，于是就会有很多好的思想、好的创意在交流中迸发出来，最终会促进社会生产力的提高。

当然，与朋友相聚，本身也是人生的一件乐事，因为可以享受友谊带来的美好感觉。

任正非的故事

谈到人生，免不了要讲一些伟大人物的故事。爸爸小时候，听的是爱因斯坦和居里夫人的故事。爸爸与朋友们近期交流的一个重要话题，则是华为和它的创始人任正非的故事，非常的励志。

爸爸有一位在平安银行任职的朋友不久前拜访了华为。中国平安在中国乃至全球，都是一家很了不起的金融集团。但是他在拜访华为之后，仍被华为和任正非的创业故事深深震撼，他把华为的现状总结为几句话："七万人的研发队伍，400亿元的年研发投入，半军事化的管理模式，市场化的机制，世界级的大平台。"

我们家就住在华为的旁边，我们的邻居中就有很多很多的华为人，他们来自全国各地，甚至世界各国。你有很多同学都是华为职员的子弟。我们虽然每天都能接触到华为人，但我们对华为的了解并不多。爸爸对华为的了解，大都是从关于华为的书籍中得到的，往往都是些只言片语，有些甚至是以偏概全的叙述。或许，我们永远都无法真正了解我们身边的这位邻居。很可能，就连我们身边这些身处华为的朋友，他们也很难说自己是完全了解华为的。

通过这么些年对华为的观察，爸爸认为华为巨大成功的精髓，在于华为实行了员工持股制度。只要是华为人，并在华为工作了四年，就能够获得华为的股份，并且每年都会获得可观的分红。任正非在华为的股份仅仅占1.4%，但这并不妨碍他对华为的管理。因为他不但是华为的创始人，而且是华为的"精神教父"。华为的员工在对外交流时，都会引用任正非的语录，而且有的还能把他的言论出自他的哪次讲话、哪篇文章，以及是在什么时间、什么场合讲的，都说得清清楚楚。任正非在爸爸这个年龄时，也就是四十岁出头的不惑之年，以两万元创业起家。短短28年的时间，在他的带领下，华为从无到有、从小到大、从弱到强，打败了曾经的世界巨头朗讯、西门子、摩托罗拉……成为通信装备制造行业的世界级翘楚。作为一个中国人，他的成就是非常了不起的，没有几个中国人，能够将一家企业，做到全球名列前茅的位置。

2016年，华为60%多的销售收入来自国外，年销售收入超过五千亿元，在全球有15万的员工，员工来自全球100多个国家和地区。70多岁的任正非每年还要出差100多次，足迹几乎遍布地球的每一个角落……

毫无疑问，任正非的人生是非常精彩的。因为他所建立的华为帝国，是中国，乃至全球范围内最伟大的企业之一。在我看来，任正非最为成功的地方，就在于他对自己的深刻认识，在于他对人性的深刻洞察，在于他对世界趋势的准确把握，在于他对人生目标的执着追求。当然，爸爸从任正非的文章里知道，他当初之所以创办华为，是为生活所迫，为了养活一家人。起始于一个似乎微不足道的诱因，却结出了一颗伟大的果实，人生在很多时候，就是这么的偶然，但在偶然之中，却存在着必然的因子。

爸爸给你讲任正非的故事，是为了让你知道，这个世界是丰富多彩的，生活在这个世界上的每一个人，只要努力，都能获得健康丰盛的人生。

当然，爸爸所说的人生成功，并非是指每个人都能获得任正非那样巨大的成就。普通人也有普通人的成功，比如美好的内心世界、良好的生活习惯、丰富多彩的爱好、幸福美满的家庭……这些，都可以视为人生的成功。当然人生并非只有成功，品茶、赏花、观月、看云、望海、听涛，读书、写字、作画、诵诗、下棋、抚琴，散步、聊天、吃饭、喝酒、冥想、沉思、旅行、思念、感怀、发呆、回忆、幻想……所有这一切，美好的、无奈的、痛苦的，都是构成人生的不可或缺的元素，即便任正非的人生也不例外。

人生是痛苦的

爸爸要告诉你，人生的大部分时间，可能都是平淡的，甚至很多时候是痛苦的。人生的苦，来自人的无边的欲望。人的欲望，十之八九是不能实现的。人生的常态不是成功，而是失败。做十件事，能成功一两件，对于任何人来说，都已经非常了不起了。

　　有的人一天要做很多件事，有的人一个月只做一件事，有的人一年只做一件事，有的人十年只做一件事，有的人一辈子只做一件事。一天要做很多件事的人，是因为他没有生活的目标，他做的事情之间，没有必然的关联，是随意和杂乱无章的，是漫无目的的，所以到了最后，他也许会一事无成。一辈子只做一件事的人，他每天、每月、每年做的很多件事情，都是有关联的，他每天所做的一切，都是为了达成一个总体的目标，而这个总体的目标，就是他一辈子要做的那一件事。

　　爸爸给你讲个故事吧。在建筑工地上，有人问建筑工人："你在做什么？"第一个工人回答："我在砌砖。"第二个工人回答："我在建一栋大楼。"第三个工人回答："我在建一座美丽的城市！"第一个工人，就是每天要做很多件事情的人；第二个工人，就是一年只做一件事的人；第三个工人，就是一辈子只做一件事的人。可想而知，第一个工人的人生，自然是极为痛苦的；而第三个工人的人生，肯定是极为幸福和快乐的。

　　所以，人生的苦，还来自人生目标的缺失：迷失方向，是人面临的最大恐惧。

　　你对于自己的人生，到底有什么样的期待？你的人生理想是什么？这个问题对于你这个年龄的孩子来说，是非常容易回答的。但是，随着你逐渐地长大，你会感觉到，回答这个问题的难度在逐步加大。要想明白这个问题，你需要刻苦地学习，需要不断地积累生活阅历，经历很多的事，见识很多的人。学习，对于你想明白这个问题的重要性，怎么说都不为过。

我们学习的目的，不仅仅是为了掌握很多的知识，更是要积累生活的智慧，从而掌握选择的能力。在你未来的生活中，会面对很多很多的选择，会有很多很多的机会，也会有很多很多的挑战。人生会面临很多的十字路口：往前？往左？往右？还是往后？你未来在面对这样的选择时，如果能有自己独立的判断，能够深思熟虑，那么，你就能达成你想要的健康丰盛的人生。如果你是纠结的，那么，你就可能做出错误的选择。现在的每一个纠结，都来自过去一个草率的选择，并将导致一个未来的遗憾，在错误的道路上走得越久，就越是积重难返。

你现在的主要任务，就是学习。爸爸所说的学习，首先是你在学校的学习。学校的学习，是人生所有学习中最基础的。老师会通过课本，教会你很多的知识；你通过学校生活，还会学到如何与老师和同学相处。爸爸所说的学习，还包括在生活中的学习，因为生活本身就是一所大学校。爸爸曾读过一本书，书名叫《南怀瑾的最后100天》。书中说，很多人，包括政要、将军、企业家，各色人等，他们去拜访南怀瑾，竟然是去向南怀瑾学习如何吃饭、如何走路、如何说话、如何思考、如何做人。即使像如何吃饭这样平常的事情，很多看似取得了辉煌成就的人，都还要虚心地向南怀瑾学习。"世事洞明皆学问"，在南怀瑾那里，吃饭都包含着智慧。

爸爸还建议你，在未来的某个时期，要认真阅读几遍南怀瑾的《论语别裁》《老子他说》等等，书中讲的都是东方的哲学、中国人的生活智慧。哲学，包括东方的哲学和西方的哲学，都能够成为你的人生指南，是饱含智慧的学问。

比如你已经能熟练背诵的《论语》，在爸爸看来，就是哲学。你还记得《论语》里的《每事问》吗？

"子入太庙，每事问。或曰：'孰谓鄹人之子知礼乎？入太庙，每事问。'子闻之，曰：'是礼也。'"

像孔子这么博学多才的智者，都要"每事问"，都一直保持着好奇心和求知心，并将之视为"礼"，可见好奇心和求知心对于人生来说，是多么重要的事情啊。

人生之所以是痛苦的，就在于人不能控制自己的欲望，不能控制自己的情绪，不能洞明自己的人生想要什么。摆脱人生痛苦的良方，离苦得乐，关键就在于学习，在于"活到老学到老"的坚持。学习会使我们获得选择的能力，获得独立思考的能力，学到优秀的思维模式，做到达观明理，获取财富、快乐和幸福，并通往心灵的自由。

人生是快乐的

亲爱的女儿，爸爸从遥远偏僻的乡村，走到繁花似锦的国际化大都市深圳，最大的收获，就是能够有机会认识一些非常优秀的人，并与他们共事和交往。人要快乐，就必须和积极的人在一起；人要进步，就要和有智慧的人在一起；人要健康，就必须和热爱运动的人在一起；人要富足，就必须和会创造财富的人在一起。你背诵过的《三字经》里，就有"昔孟母，择邻处"的语句，说的就是身边的人和环境的重要性。《论语》也说："里仁为美。择不处仁，焉得知？"说的也是对居住环境的重视。

要追求美好的人生，就必须处理好三种关系，即人和人的关系，人和自然的关系，人和自己的关系。其中任何一种关系处理不好，你的生活都将是一团乱麻。但就爸爸的人生经验来看，最重要的是要处理好自己和自己的关系，简单来说，就是要培养一个强大的内心，要唤醒自己的内省能力，要达成心灵的自由——这是一个非常困难的目标。处理好了自己与自己的关系，你就可以战胜任何外在的困扰。爸爸跟你说过，"你快乐了，这个世界就快乐了；你幸福了，这个世界就幸福了；你富裕了，这个世界就富裕了"，说的就是这个道理。如果你的内心是阳光的，那么这个世界就会是阳光的；如果你的内心是阴暗的，这个世界就会是阴暗的；你简单了，这个世界就简单了；你复杂了，这个世界就复杂了。

爸爸最喜欢的哲学家之一康德说过，有三样东西可以抵抗生活中的苦难：希望、睡眠和笑（《判断力批判》）。然而，希望、睡眠和笑，对于很多人来说，已经是奢侈品了。有些事情，并非你努力了，就可以得到，比如睡眠，你越努力，你越得不到。希望也是如此的。太阳对于有的人来说，并非每天都是新的，因为他根本看不到太阳的光芒，不是因为他视力太差，而是因为他内心本来就缺少光明。

痛苦并非都是坏事。就人生而言，痛苦的意义在于，能使你懂得快乐的弥足珍贵。学习就是件痛苦的事情，但是，通过学习，你得到了进步。进步就是对痛苦的奖赏。你生病了，身体经受了痛苦的折磨，但是，如果没有经历过病痛，你也许永远都无法体会健康的快乐。

孔子说过："朝闻道，夕死可矣。"孔子还说过："贤哉，回也！一箪食，一瓢饮，在陋巷，人不堪其忧，回也不改其乐。贤哉，回也！"

中国人的人生智慧，就是这么的朴质无华。人活着，就是为了追求真知，也就是佛教所说的悟道。如果早上悟道了，觉悟了，即便晚上就死掉，这样的人生也是最有价值的。古人为了追求真知，学到知识，获得智慧，不仅需要付出艰苦的体力代价，甚至要付出生命的代价。

中国人的人生智慧，还在于善于追求内心的宁静。比如孔子的弟子颜回，吃的是简单的饭菜，住的是简陋的房屋，别人会因此而痛苦不堪，颜回却感到十分的快乐，因为他的内心是宁静的、单纯的，是追求安贫乐道的。

中国人的人生智慧，还在于敢于追求巨大的财富。子贡就是孔门弟子中的首富，是一个成功的商人。与孔子的其他弟子相比，子贡最特殊的地方，就是他善于经商之道，在理财经商方面具有卓越的天赋。他曾经在曹、鲁两国之间经商，富有千金。孔子评价子贡时说："回也其庶乎，屡空。赐不受命，而货殖焉，亿则屡中。"颜回在道德修养上接近于完善，但空乏贫穷；而子贡不受天命去经商，对市场行情每每做出预测，都很准确。子贡依据市场行情的变化，贱买贵卖从中获利，成为巨富。

无论是贫穷而道德高尚的颜回，还是首富弟子子贡，孔子都给予了高度的评价。中国人的人生是多元的，是丰富多彩的。中国人达至成功的道路，也是多元的，即所谓的"条条大路通罗马"。

我们都是西西弗

西西弗是古希腊神话中的英雄，他因为触犯了宙斯，被惩罚将巨石推上山顶，到达山顶后，石头又会滚落回原处，于是，西西弗又要把巨石往山上推。就这样，西西弗要在永无止境的失败中受苦受难……

亲爱的女儿，你可能会认为，西西弗太悲惨了，每天干的都是徒劳无功的事情，要受尽无穷的体力和精神上的折磨，永无终日。

可是，西西弗不这样认为。他不肯认命。每次，当他推石上山时，其他天神打击他，告诉他不可能成功。但是，西西弗不肯在成功和失败的圈套中被困住，一心想着，推石头上山顶是我的责任，只要我把石头推上山顶，我的责任就尽到了。至于石头是否会滚下来，那不是我的事。所以，当西西弗努力地推石头上山的时候，内心非常宁静——他安慰着自己，明天还有石头可推，明天还不会失业，明天还有希望……

宙斯对他无可奈何。西西弗之所以成为英雄，是因为他把命运的折磨当作命运的考验，把今天的苦楚寄望于明天的甘甜，把人生的成败放在一边，只求无愧于心，这样的人，即使是宙斯也无能为力。

我们何尝不是现实生活中的西西弗呢？我们每天都会在一个几乎固定的时间醒来，然后穿衣、洗漱、吃早餐，到公司上班或到学校上学，开始工作或学习；吃午饭、散步、午睡，工作或者学习；下班或者放学，吃晚饭、睡觉。然后，然后又重复昨天的故事，周而复始，日复一日，年复一年，直到生命终结的那一天。如果生命还有轮回，然后，又开始了日复一日、年复一年的循环。

　　不过，一千个人眼中，会有一千个哈姆雷特，一千个人眼中，也会有一千个西西弗。正如加缪在《西西弗的神话》一书中所说：如果西西弗上山推石在某些天里是痛苦地进行着的，那么这个工作也可以在欢乐中进行……西西弗无声的全部快乐就在于此，他的命运是属于他的。我们又何妨做一个坚忍不拔的西西弗，把每天都安排得满满当当、充实且有趣。因为我们需要战胜的不是宙斯，而是我们自己。

　　虽然，每年都是四季的轮回，但是，春有花，夏有月，秋有霜，冬有雪。人的一生，也应该如此：丰盛、精彩、富足而美丽！

　　祝你好运！

　　　　　　　　　　　爱你的爸爸

第三封信
财富的意义

亲爱的女儿：

你好！

为了方便阅读，爸爸给信加上一个个小标题吧。

成长是快乐的

前几天是你的生日。严格地说，你才刚刚满九岁，但是按照中国的传统说法，你已经是虚岁十岁的人了。生日对于你来说，是又长大了一岁，而对于已经"仓促进入中年"的爸爸来说，却意味着又"老"了一岁。长大一岁，是每一个像你一样大的孩子都盼望的事情，爸爸小时候也一样，都盼望着长大，而长大的岁月却是那么的漫长。你现在还体会不到的是，到了爸爸这个年纪，时间突然就加速了，过一年，就如你过一天，明明去年的冬天才过去，怎么今年的冬天又来了？

你生日那天，妈妈因为去南昌看望生病住院的外婆，不在家。外公是在去年春节前夕去世的。而外婆因为肝硬化，吐血了，病情恶化。说不好，外婆哪天就可能去世了。所以，对于外婆这样年过七十的老人，过生日叫做过寿，老人增的是寿。用大白话来讲就是，过了七十岁的老人，过一天就少一天了。所以，对于过生日的心态，不同年龄段的人，感觉是完全不同的。爸爸已经开始羡慕你了，你现在正处于最好的年华——盼望着长大的年华。未来对于你来说，有着无数种可能，所以你会期盼着长大，去拥抱未来的无数种美好的可能。

生日那天，你得到爸爸的允许，邀请了六个小朋友来与你共度美好时光。一个小朋友家里是开蛋糕店的，她打电话让她的爸爸送来了生日蛋糕，其他小朋友也都送了礼物给你，阿姨在家里准备了丰盛的饭菜，爸爸则给你写了一封信。你和小朋友们开心地玩了整整一个下午。对于你来说，这所有的一切都是理所应当的——丰盛的晚餐、蛋糕、礼物。你住在一个非常美丽的大型小区里，这个小区里的大部分房子都是大 House，小区除了有公共的美丽大花园外，大多数人家都还拥有自己的小花园。你的物质生活，简直到了应有尽有的地步。

爸爸的童年

30 多年前，人们把物质的丰富程度，与幸福程度基本上画了等号。爸爸在像你这个年纪的时候，中国的物资极度短缺。所以当时的爸爸就以为，人的幸福，就是有饭吃；人的更大的幸福，就是有肉吃；人的最大的幸福，就是有钱，有很多的钱。

爸爸的童年，是在 20 世纪 70 年代度过的。当时的乡下老家，还是生产队时期。那时候，所有人一起劳动，创造的财富——主要是粮食——大部分是按劳分配，也有一部分是按家庭人口的多少来分配。不过，当时的生产队里，有很多人家吃不饱饭，或者要用杂粮来填充饥饿的胃。为了得到更多的粮食，你爷爷奶奶，包括你太爷爷太奶奶（爸爸的爷爷奶奶），每天都要出去干活，挣工分。爷爷一天挣 10 个工分，奶奶一天挣 8 个工分，太爷爷一天挣 6 个工分，太奶奶在家里养猪、养鸡，猪粪和鸡粪按斤论，交给生产队作肥料，也可以换工分。家里所有的大人，都尽可能地多挣工分，到了秋收的时候，就可以凭着工分，分配到属于自己的粮食。

爸爸还有两个妹妹和一个弟弟（你的姑姑和叔叔），家里人口多，但劳动力少，所以按人口分配粮食的时候，可以多分一些。但是到了生产队年底现金分红的时候，我们家就不但分不到现金，反而要拿钱去补交，当时把这类家庭叫做超支户。现实的结果就是，那些劳动力多的人家，虽然年底分红时可以分到数百块钱的现金，但是那些人家却吃不饱饭，要拿钱去黑市上买粮食。而我们家年底虽然现金分红要倒贴，但却能吃饱饭。

你的爷爷是位能人。他和你的大爷爷（爸爸的大伯，爷爷的哥哥）都是高中生。高中生在当时是很少见的。这得益于你的太奶奶教育观念超前，把她自己的孩子培养成为有文化的人。爷爷有文化，又勤奋好学，他知道自己的家庭需要什么。爷爷的好学，体现在他善于学习当时看来一切可以赚到钱的手艺活，比如切烟，用手工工具把烟叶切成细细的烟丝，切一公斤烟叶需要大半天的工夫，可以赚到一块钱；比如做木工活，帮别人家盖房子、做家具，做一天可以挣到两块钱；比如做电工，爷爷是生产队碾坊的主管，他既管队里碾米、磨面、打糠的机器的运作和修理，也管队里供电线路的架接和修理；比如，他还会修理钟表和收音机，还会做篾匠编织箩筐。各种手艺活，爷爷一看就学，一学就会。加上爷爷极为勤快，几乎把白天的每一分钟都用来干活，所以爷爷能赚到比他同龄人多得多的钱。所以，爸爸和你的姑姑、叔叔小时候，基本上还能过上在当时看起来比较体面的生活，每年春节前，我们都可以做一身新衣服，每年奶奶会为我们做两双布鞋，到春节，偶尔还能得到五毛钱压岁钱。奶奶还会在春节期间，一般是大年初一、初二、初三，带着她的孩子们到县城里，看两场戏或者电影。

爸爸也要帮着爷爷赚钱，比如帮爷爷把烟梗剔除掉，让他方便进入下一道加工程序：切烟丝。每剔一公斤烟梗，爷爷就给爸爸一毛钱工钱。爸爸得到的钱，被爷爷用一个透明玻璃瓶装起来，作为爸爸上学的学费。

所以，爸爸在很小的时候，就懂得了钱的重要性。按爸爸那时的理解：钱，就是财富；有钱，就是幸福；幸福，就是有钱。当然了，能够拥有其他物质，比如，更多的粮食，偶尔的肉食，甚至难得吃到的糕点，这些在爸爸看来，都是财富的象征。

爸爸小的时候，是没有现成的玩具玩的。不过，爷爷会为爸爸制作玩具，比如用废旧的滑轮制作推车，爸爸坐在车上，小朋友推着爸爸在生产队的打谷场上兜圈子，那就是最令爸爸开心的游戏。爸爸自己还会削陀螺，也会制作铁环，滚铁环也是一项很有意思的游戏。

爸爸还记得，那时家里只有一把黑色的粗布雨伞，一个绿色铁皮的暖水瓶（一直到爸爸初中时，因为爸爸学习优秀，学校奖励了一个崭新的暖水瓶，才添了第二个暖水瓶）……这些物件，都是爸爸小时候家里财富的象征。

一直到了爸爸的初中时代，也就是 1983 年前后，爷爷才买了一辆永久牌自行车。那时已经开始实行家庭联产承包责任制了，农村的生产力得到了极大的解放，爷爷的勤劳和能干，也才更加有了用武之地，能赚到更多的钱。拥有一辆自行车，在当时也是富裕的象征。

爸爸的奋斗

随着时代的变迁，到了 1978 年以后，勤劳是可以致富的。

当时的环境还是原生态的，你只要勤劳，就可以从大自然中获取财富。比如，秋天凉爽的傍晚，吃过晚饭后，爷爷会带着爸爸、姑姑和叔叔到村子边的小河里打鱼。小河的水已经变少了，用河里的石头把水聚集到一块儿，用筛子拦住，鱼儿就会游到筛子里。我们就用手拼命地把鱼抓到鱼笼子里。一个傍晚，就可以抓到好几公斤的鱼。那些鱼，既可以拿去卖，换钱，也可以自家做了吃，改善生活。可是，再后来，就有人买来了用电来捕鱼的装备，小河里的鱼，很快就被捕没了。加之化肥和农药的大量普及，小河里的鱼就逐渐绝迹了。

时代在发展，工业化生产极大地提高了物质生产的速度。爷爷的手工艺品也逐渐失去了市场，手艺也就一件一件地都丢下了。

极为幸运的是，太奶奶，还有爷爷奶奶，知道教育的好处。比如，太奶奶就经常跟爸爸说："书中自有黄金屋，书中自有颜如玉。"太奶奶的父亲，是晚清的秀才，所以她一直就有"知识改变命运"的朴素意识。爷爷和奶奶也很看重孩子们的学习。爸爸在像你这么大的时候，爷爷就要求爸爸树立考取清华大学的目标。爷爷经常跟爸爸说："你如果不认真读书，考不上大学，那么，你的出路就只有放牛。"爸爸不愿意长大了放牛，因为放牛是一件辛苦又寂寞的活计。所以，爸爸从小就知道认真学习的重要性。爸爸的人生目标是分阶段的：第一个阶段，考上县里的初中；第二个阶段，考取昆明的高中；第三个阶段，考到知名的大学里去。在爸爸坚持不懈的努力和奋斗下，学生阶段的所有目标，爸爸都实现了。

爸爸大学毕业后，第一件事情，就是要实现财务自由。20世纪90年代的中期，爸爸来到了深圳，一座在当时来看最有可能实现财务自由的城市。应该说，爸爸的选择是正确的。因为，深圳这座城市，让爸爸在40岁之前，基本实现了目标。具体的过程，爸爸就不细说了，或者以后有机会，爸爸会告诉你的。

爸爸要告诉你的是，这个世界上有两件事情最难：一件是把别人口袋里的钱，装到自己的口袋里，简单说就是赚钱；另一件事是把自己的想法，装到别人的脑袋里去。爸爸这些年一直在做的，基本就是这两件事情。第一件事，爸爸已经初步做到了；第二件事，也是爸爸更加喜欢的，就是写作。爸爸创办"龙门"这个公众号，就是在做这第二件事情。爸爸更爱好的是第二件事，因为它更有意义。

爸爸的确赶上了一个最好的时代，因为爸爸可以创办一个自媒体，这在以前是无法想象的。

爸爸给你讲一个故事，金庸，也就是查良镛的故事。

你所知道的，可能跟很多人一样：金庸是一位作家，一位武侠小说作家。但是，很多人不知道的是，金庸还是一位报人，更是一位企业家，一位家世显赫的大企业家。

金庸在 1948 年从上海来到了香港。在香港，金庸办了一家报纸，叫做《明报》。一家新创办的报纸，是没有读者的，所以，金庸为了吸引读者，便在《明报》上连载他写的武侠小说。大家为了阅读金庸的武侠小说，每天都买一份《明报》，于是《明报》就变得洛阳纸贵了。后来，《明报》成了一家很有知名度的大报，金庸因此赚到了很多很多的钱。包括他的武侠小说，后来成套出版，多次被翻拍成影视剧，也让他赚到了很多钱。

金庸是一位极富才华的企业家，他就是用写文章的方式，来获取巨大的财富（如果把办报也看成是写文章的话）。金庸还每天亲自写《明报》的社论，留下了很多有价值的社论。比如，他在林彪被定为毛主席的接班人时，就在一篇社论中准确地预测到了林彪后来的命运——这些事情，你目前还小，还不懂，以后爸爸会逐步讲给你听的。由此可见金庸的远见。

爸爸锲而不舍地写作，也是在向金庸学习。因为，爸爸最擅长的，就是写作。一个人，要做，就要做自己最擅长也最喜欢的事情。爸爸告诉你，什么是最好、最有意义的事情？就是自己特别喜欢，而且又能赚到钱的事情。

你站在了爸爸的肩上

亲爱的女儿，现在该说回到你了。

你和弟弟们对金钱或者说财富的认识，起点就比爸爸高了很多个层次。你们对钱的认识，是始于一个一元钱的硬币可以坐一次摇摇车，也就是说，你们对金钱的认知，是钱可以买到物质享受。坐摇摇车，对于你们来说，就是一种物质享受。

爸爸对钱的认识，是始于钱能买到填饱肚子的粮食。

你们一出生，就生活在一个不缺钱的家庭里。所以，你们对于财富的认知，就把爸爸甩出了几条街。尽管你从来不缺钱，可是你还是会在四五岁的时候，"偷"妈妈钱包里的钱，背着大人去买你喜欢的东西。这说明你已经具备了对财富的初步认识。为此，妈妈曾经不厌其烦地教育过你：不经大人的同意，你是不能乱拿家里的钱的。这其实是在教你一个最基本的道理："君子爱财，取之有道。"你是知道的，这句话，出自《增广贤文》。你现在已经知道了，钱，需要通过自己的努力，合理合法地获取，否则，就是不道德的。

获取财富的方式，可谓"龙有龙道，虾有虾路"。爸爸前面已经跟你讲了爷爷是怎么赚钱的，而爸爸又是怎么赚钱的呢？说起来，这真是一个可以写出汗牛充栋的书的问题了。古话说："天下熙熙，皆为利来；天下攘攘，皆为利往。"说成大白话，意思就是，人生而来到这个世界，就是为了赚钱。当然，这种说法是不全面的，接下来，爸爸还会跟你讲的。爸爸要告诉你的是，获取财富的能力，是获得幸福生活的最最基础的课题。可是，地球上多达70亿的人口里面，大多数人，终其一生，都无法成功地解决这个问题。

人生的意义，当然绝不仅仅是为了赚钱。就像吃饭是为了活着，活着不是为了吃饭一样。爸爸在上一封信里面已经跟你谈过，人生的意义，是在于追求幸福和快乐，而幸福和快乐，来自因崇高感而带来的心灵的自由。而自由，是一种拥有自己可以选择不做自己不愿意做的事情的权利的能力（这句话是德国一位叫做康德的伟大的哲学家所说的，有点绕口）。

你可能马上就会反问："那妈妈为什么要强迫我学习啊？妈妈的行为不是侵犯了我的自由了么？"孩子，自由可不是你想象的随心所欲。自由是选择的权利，当你具备了很多选择的权利时，你就真正获得了自由。自由不是你想做什么就做什么，而是你可以拥有不做你不愿意做的事的选择权。妈妈今天要求你努力学习，学会学习的能力，就是为了让你获得选择的能力，包括获得财富的能力。不过爸爸要告诉你的是，拥有财富并不意味着可以得到幸福和快乐，但是财富却是幸福和快乐的物质基础。

人的一生，就如同一年四季的变换，春天是播种的季节，秋天是收获的季节。没有春播的艰辛和夏天的成长，人就不可能获得秋收的金色喜悦，也难以熬过严冬的折磨。你今天的努力，是为了你长大后拥有获取财富和幸福快乐的能力。

你富有，这个世界就富有

在获取财富的能力上，爸爸比爷爷奶奶强，而爷爷奶奶又比太爷爷太奶奶强。爸爸希望你和弟弟们又会比爸爸妈妈更上一层楼。这种良性的循环，既是由时代进步推动的，更是我们一代人比一代人更加努力学习和奋斗的结果。

爸爸希望你和弟弟们不但能够传承家庭的财富，更重要的是，要传承我们家良好的家风，即精神。精神得到了传承，家庭的财富不但可以得到传承，你们还能创造更多的财富。取之有道的财富绝对不是罪恶的。拥有了财富，不但你自己能过得好，而且还可以帮助其他需要帮助的人，让世界变得越来越美好。比如，去年，爸爸通过当地的志愿者捐了一笔钱，给云南屏边县的一位烈士的家属，为烈士80岁的老母亲和痴呆的哥哥，建了一栋房子。当他们把烈士家属的新房子连同那位站在新房前幸福地微笑着、门牙已经掉了好几颗的奶奶的照片发来给爸爸看时，爸爸感到由衷的幸福和快乐。

得，是幸福和快乐；舍，更是幸福和快乐。舍与得，都需要能力。

关于财富的观念，你的时代已经与爸爸小时候的那个时代不同了。你长大后，或许不再会有像爸爸妈妈一样强烈地渴望财富的心态，当然，或许也还会有，这要看你的个性。比如曾经的世界首富巴菲特，他就以获取越来越多的财富为人生的乐趣，对于他来说，财富早就已经是一种符号了。巴菲特的个人财富，堪称富可敌国，可他还在永不停歇地追求财富。中国已经进入市场经济时代，如果你愿意也有能力，爸爸当然非常愿意看到你长大后也成为一个既能赚很多很多钱又能让自己幸福和快乐的人。

爸爸最后要告诉你：财富是什么？

财富意味着一种能力，你获取财富的能力越强，你拥有的财富就会越多；那么，以此为基础，你就拥有了更大的与他人交换的能力，以及更多的选择的权利。生活如果是一道道的单选题，那么，你的生活将是残酷和艰辛的；

生活如果是一道道的多选题，那么，你的生活将是丰盛且有尊严的。你快乐了，这个世界才是快乐的；你幸福了，这个世界才是幸福的。你可以通过自己的幸福和快乐，来影响这个世界，让这个世界变得更加的美好与祥和。

　　祝你好运！

爱你的爸爸

2015 年 11 月 14 日于家中

第四封信

为什么要投资理财？如何投资理财？

亲爱的女儿：

你好！

爸爸在上一封信中，谈了财富的意义。

爸爸今天接着跟你谈谈关于投资理财的话题，即：除了利用工作或劳动获取财富之外，还能如何获取财富的话题。下面将要讲到的很多问题，你可能现在还看不懂。但没关系，爸爸写给你的信，是需要你用一生的时间来慢慢阅读和体会的。

为什么要投资理财？

要谈理财的意义，首先要给理财下一个定义。对于理财的定义，教科书上给出了很多种说法。爸爸认为，所谓理财，就是用钱来生钱的一种财富管理方式。理财的实质是"以钱生钱"，与我们利用自己的工作或劳动、靠自身技能来赚取收入不同。

就财富的来源来看，如果方法得当，理财所取得的收益，很可能比靠自身人力资本赚取的财富更丰厚。不论你将来是一名普通的工薪阶层，还是一名年入百万的打工者，再或者是一名财富过亿的高净值人士，理财都是你的必修课。"以钱生钱"的理财课对于任何家庭和个人，都是人生的重要课题。做好理财，是实现财务自由、通往幸福生活的捷径。但是，爸爸发现，真正懂得理财的家庭和个人却是凤毛麟角。绝大部分人都只知道利用自身的人力资源，靠自己的工作或劳动来赚钱，但却对"以钱生钱"的奥秘所知甚少。因此，他们很少愿意花哪怕一点点的功夫，来打理自己的财富。更少人，愿意像一门科学或技能那样来学习和研究理财，并且利用科学的方法，来达成自身财富的可持续增长。

理财的意义，正是在于"借鸡生蛋"。广东人有一句话：人是两条腿的动物，而钱是会飞的鸟儿。两条腿的人，是无论如何也跑不过飞翔的鸟儿的。无论你将来是富姐还是月光族，你都可以通过投资理财让自己的财富插上飞翔的翅膀。

何为财务自由？就是当你通过"以钱生钱"赚来的钱，超过了你依靠人力资源赚来的钱的时候；当你靠钱生来的钱足够支付你和你未来家庭开支的时候；当你学会了利用合法、依规、可持续、可复制的方法来赚钱的时候，你和你未来的家庭就实现财务自由了。如此，工作与劳动就被理财所取代，成为自己生活费用的非主要来源，那么，你的人生将发生积极、可喜的改变——工作或劳动，已经不再是被迫的事情，你就可以去选择自己喜欢的生活方式，包括选择自己喜欢的工作，把工作当成一种人生的乐趣，而非苦差事。并不是任何人都可以自由选择自己喜欢的工作的，更不是每一个人，都可以把工作当作爱好来享受。但是，如果你未来能通过理财达成财务自由，你对工作就具备了自由选择权了。

什么是自由？萨特说："人是生而要受自由之苦的。"自由是选择的自由，这种自由实质上是一种"不自由"，因为人无法逃避选择的宿命。爸爸认为，自由并非随心所欲，自由是在人类社会的种种限制条件下，能够游刃有余地生活。自由实质上是一种"戴着脚镣跳舞"的状态。当你参透了自由的本质，那么，你就拥有了自由的基础。一个人的自由，是以不妨碍他人的自由为前提的。而对于大多数普通人来说，财务的自由，是身心自由的基础，尤其是在自由市场经济的条件下。所以，爸爸告诉你，理财的意义，正在于为人的身体自由、心灵自由、思想自由，奠定物质的基础。

另外，爸爸还要告诉你，个人或家庭财富最大的威胁是通货膨胀。通胀猛于虎。如果你不会理财，恐怕你未来就连通过自身人力资源赚来的钱，都可能被这只老虎吞噬掉。通胀这只老虎，是财务自由的最大威胁。如果一个人和家庭，不能通过理财来抵抗通胀的侵蚀，那他的人生绝对是失败的，自由就更成了一种海市蜃楼似的空谈。亨利·黑兹利特说："通胀是一种最有害、最恶劣的加税，是催眠术和麻醉剂，能如吸食鸦片般地减轻人的痛苦，是对民众的超额榨取。"我们已经离开了"金本位"货币体系，通胀已经成了我们生活的常态。如果不学会利用理财来抵抗通胀这一"最有害、最恶劣的加税"，那么，你和你未来的家庭将永远陷于被猛虎追赶的噩梦之中，难见天日。所以，理财的意义还在于使你和你未来的家庭"免于被恶劣加税的痛苦，免于财富被减值的压迫，免于永远陷于贫穷的奴役"。表面上看，贫穷是因能力缺乏而导致的结果，但实质上它是一种罪与罚。贫穷从来都是一种自己对自己的犯罪，也是自己对他人的犯罪。因为你的贫穷不但限制了自己的自由，还限制了别人的自由，阻碍了别人自由选择的可能。

　　理财，还能带来复利的喜悦。单靠工作或劳动，你是无法获得复利的。你未来的老板是不可能为你的劳动恩赐你复利的。唯有理财，才能为你的财富带来复利。在过去，钱生钱的生意，被叫做"驴打滚"。如果你能够让你的本金实现5%的复利，这是一个多么微不足道的收益啊，但是，只要按这个收益率，用不到12年，你的本金就可以实现翻倍；而如果你能持续取得20%的年收益率的话，那么只要三年多的时间，你就可以实现财富的翻倍增值了。

复利的计算公式非常简单，但是，又有多少人懂得按照这个公式去理财呢？理财的重要秘诀，就是获得复利。什么是复利呢？爸爸请你拿起你身旁最薄的一张纸，对折，对折，再对折……好了，无论多么大、多么薄的一张纸，也许你最多只能对折8次到10次。如果有一张纸，可以让你继续下去，对折50次后，它会有多厚？答案是你难以想象的，因为一张纸对折50次后，其厚度可以达到地球的直径那么大！

这，就是复利的威力。

什么是理财之道？

亲爱的女儿，知道了为什么要投资理财后，爸爸接下来要告诉你的是：何为投资理财？如何投资理财？

《增广贤文》里有句话："君子爱财，取之有道。"我们的老祖宗只用一句话，就把理财的原则和方法——理财之道——都告诉你了。言简意赅，八个字，就讲透了理财的全部真谛。

未来的某个时候，你如果透彻地理解了这八个字，那么，恭喜你，你已经正式踏上了财务自由的荣耀之旅了。

《增广贤文》里的这句话，字面上非常容易理解。它的意思就是说，君子都非常喜欢财富，但是，要用正当的方式来获取。那么，什么是正当的方式呢？孔子说的是"道"。古人说话，都非常简洁。主要的原因，大概是因为在造纸术发明之前，字大多写在竹简上，而竹简的制作、携带和储存都非常困难；一些重要的著作，也会写在锦帛上，锦帛当然方便携带和储存，但很昂贵。所以古人著书立说都以简洁为美。即便在造纸术发明之后，古人也保留了简洁作文的习惯。你看，一部伟大的《道德经》，也就5000余字，《论语》也很简洁。而我们的经典，大多数都是在造纸术发明之前写就的，所以，后人对经典的解读就会有偏差，而且偏差还会很大。解读《论语》的著作，由古至今可谓汗牛充栋，也都是见仁见智，古代最有影响的，当属宋代的朱熹。宋以后，科考的标准解读就是以朱熹的解读为准。

　　那么，什么是取得财富的"道"呢？爸爸相信，随着时代的变迁，对"道"的理解也会不同。在古代，"道"很可能是"勤劳致富"。当然，古人勤劳致富的背后，也包含有智力的成分。那些包含更多智力和智慧的"勤劳致富"，更可能使致富的主体成为真正拥有巨大财富的人或家族。中国古人积累财富的方式，更多地可能是通过积累土地（主要是农田、农地）来实现，因为中国5000年文明史中的绝大部分时期都属于农耕文明，城市化进程极为缓慢。至少在近代以前，通过工商业来致富的人群，毕竟还是少数。这主要是因为中国的大部分历史时期，采取的都是重农轻商的政策。

在现代社会，获取财富之"道"就十分多样化了。具体而言，现代金融的发展和进化，为理财提供了深厚而肥沃的土壤。现代理财的原则，可以归纳为：合法、依规、科学、理性、稳健、适度，以及可复制性（或者称为可持续性）。而可复制性，是现代理财行为的最高原则。合法、依规、科学、理性、稳健、适度是可复制性的基础和前提条件，没有前六个原则，可复制性是无以存在的。任何缺少可复制性的财富获取方式，都不值得追求、学习和拥有。所以，在现代社会，可复制性乃是理财的"大道"和"王道"。

打个比方，通过福利彩票或许可以使一个人或家庭一夜致富。但是，这种致富与理财方式（暂且把它也作为一种理财方式吧）绝无复制的可能，所以，也就不足以成为现代社会的理财之"道"。另外，诸如赌博、贩毒、走私等，也绝无可复制性，更不符合"取之有道"的智慧。

理财是一门学问，是需要学习的课题。但是，绝大多数人从来不学习理财这门学问。中国人最流行的理财之道是打听消息，并据此进行投资理财。如果你有幸得到了一个可靠的消息，也因此发了一笔横财，便从此认为打听消息就是可复制的理财之道，那么，你很可能连上次发的那笔横财也保不住，因为也许下一个"消息"就会把你之前的收益全部葬送掉。这种极为不可靠的"复制"，也即"不可复制"。还有一种"不可复制"是超出了适度范围的"暴利"，即使该种"暴利"是合法依规的。例如，日前盛行的 P2P 网贷，就是非理性的、不稳健的、暴利的，表面上看，它似乎具备可复制性。但下一次对外高利贷贷款行为，就可能成为复制的终结者。输一次，就可能将以前所有的盈利，包括本金，全部葬送掉。"理性、稳健、适度"的原则，隐含的是对理财本金安全的保障。

当然，把钱存进银行是一种具备高度"可复制性"的理财方式，但是，这种理财方式又太过保守，缺乏收益的"适度性"原则。所谓"适度收益"，可以理解为：不低于同期银行存款利率；不低于当年的通货膨胀率；不低于可投资级别（AA 级）的企业债券票息率；不低于当年的无风险收益率。而且，上述几个收益率基准，要取最高的那个值作为个人或家庭的理财收益基准。要达到上述标准，看起来容易，具体实践起来，绝大部分个人和家庭都无法达到。

要找到具备"合法、依规、科学、理性、稳健、适度"的"可复制"的理财方式，需要的是学习、学习，再学习。任何一项有意义和有价值的事情，要取得成功，都必须付出艰苦的努力。理财看起来是一项只要按下回车键就一劳永逸的极为简单的事情。但是，在你按下回车键之前的选择，却需要深入的学习和研究，需要极高的智力和智慧。

中国古语说："人为财死，鸟为食亡。"由此可见，财富之于中国人的重要性，堪比生命。如此重要的东西，想要获取它，你不需要付出艰苦的努力吗？爸爸告诉你，如果你将来活到了40岁，还在为财富而担忧，还没有实现财务自由，也就是没有通过理财来获取足够的财富，而是依然要依靠自己的劳动或工作来获取财富，那么，你的人生虽不至于说是失败的，但绝不能称之为成功。

正如爸爸在上文中所说，"人生而要受自由之苦"，因为自由是选择的自由，这种自由实质上是一种不自由，因为任何人都逃避不了选择的宿命。爸爸认为，人生而来到这个世界上，所有的学习，都是为了学会"如何进行选择"。人生就是由一个又一个的"选择"构成的。人生在世，无时无刻不在进行着选择。

爸爸接下来，跟你讲一讲这些年爸爸对于投资理财实践方面的一些思考。

第一，投资理财需要独立思考

为什么大多数家庭在投资理财上都很失败？原因就在于，他们没有独立思考的能力，人云亦云，鼠目寸光，不敢坚持自己的判断，或者根本就没有合乎逻辑的判断，没有判断的能力。

爸爸常常谈论国际关系问题。有的朋友说："这些问题都是国家总理应该想的，你一个平民百姓，想那么多干啥？"其实，爸爸谈的所有问题，都会归结到投资理财上。要想做好投资理财，就必须想很多问题。

做投资的人，一定要有登高望远的眼光。就比如，股市一调整，马上就有无数看空的声音出来；一上涨，看多的声音又多了起来。这是一种容易被环境和他人声音干扰的思维模式，看问题不长远。

这些人没有独立思考的能力。他们不读书，或者读书的范围太狭窄。读书的人，往往得不到尊重。中国人一般把读书的人，称为"书呆子"或"文人骚客"，都带点贬义在里面。其实，如果一个投资人不读书，或者仅仅只读研究报告，他是肯定做不好投资的。因为，他只看得到他目光所及的东西；视野以外的东西，他就看不到了。如此投资理财，真的很要命。

第二，思维模式决定投资的成败

爸爸曾经跟你说过："文凭是铜牌，能力是银牌，人脉是金牌，思维是王牌。"由此可见，思维模式对于包括投资理财在内的很多事情，都是具有决定性影响的。

何谓成功？何谓快乐？何谓格局？爸爸认为，巴菲特的解答最为精妙。他说，得到自己想得到的东西，就是成功；想想自己已经得到了的东西，即可快乐——的确是这么回事。至于格局，爸爸认为，格局是一口锅，锅有多大，烙出的饼就能有多大。

人生苦短。如果让悲苦的心情把自己的心占满，人生就会显得尤其漫长，有如失眠的黑夜，总也看不到尽头。所以，我们应该向巴菲特学习，每天跳着踢踏舞去上学，去工作。

爸爸讲一个你和爸爸的故事。有一天，爸爸带你出去兜风，让你坐在副驾驶的位置上。作为司机，爸爸有一个习惯，一上车就系上安全带，哪怕只是开车挪动个位置。而你，刚开始听从爸爸的要求，系上了安全带。而且，爸爸的车，如果不系安全带，系统就会报警，"嘀嘀嘀"地响个不停。一次下车再上车后，你是先把安全带扣插入插口，然后才坐上座位的。你的举动看似非常聪明，因为这样你就不用麻烦地系安全带了，而且系统也不会报警。爸爸看到了你的举动，立即把车停到路边，命令你系好安全带。爸爸告诉你，你的做法看似非常聪明，实则极为愚蠢。爸爸还告诉你，你的小聪明，暗含着大风险，因为一旦车在高速行驶中紧急刹车，你将承受严重的后果。

爸爸就是这么一个"死板"的人，哪怕是移动个车位，爸爸都会系上安全带。这已经成了爸爸的习惯。

说回投资。由于职业的缘故，爸爸看到过很多与你一样"聪明"的投资人，其中有很多是职业投资人。散户也就罢了，很多职业投资人做出决策时也是那样的草率。有一位资深的基金经理前天告诉爸爸，他有一些同事，看到近四个月以来（2015 年 8 月份以来）的股指不断创新高。起初，他们根据以往的经验，认为 GDP 增速创新低，不相信股市会好起来，且等且看。两个月后，发现股市真有点"牛"的样子了，他的那些同事开始慌了，急忙向研究员询问应该买入什么股票，并很快把仓位升上来。以为只要买入股票并提高仓位，就能赚钱了。结果却是，买入之后很快就被套住。当然啦，只要牛市还继续，类似的操作最终还是会赚钱的。但是，他们都是和你一样的"聪明人"。表面上，他们都非常聪明，会"顺势而为"。但是，他们忘记了独立思考，连安全带都不系就上路了。

2015 年 7 月份以来，市场的涨升势头很不错。但是，如果看看晨星的数据就会发现，很多的股票基金其实是不赚钱的，或者跑输了指数。所以，基民们千万别迷信基金经理，也别迷信基金公司的专业性。任何一个行业，真正优秀的企业只是少数；任何一个职业，做到优秀的也只是少数。

对投资理财影响至深的是什么？爸爸认为，是思维模式和思考习惯。

一个投资理财的人，尤其是一个职业投资人，如果他只是阅读投资研究报告，那么他的思维模式和思考习惯就僵化了。他就根本理解不了，为什么中国的 GDP 增速下滑得这么厉害，企业的盈利能力也好差，煤炭企业 70% 都亏损了，A 股却会迎来牛市——他们想不通啊，他们比窦娥还"冤"呐。可惜，商场就是战场，这些职业投资人已经习惯了线性思考，而不会"脑筋急转弯"，所以他们失败了。

爸爸跟你说，爸爸身边的职业投资人，很多都是只会阅读研究报告的线性思维的人。他们的确都很勤奋，但是他们越勤奋，脑子就越僵化，就越看不懂这个纷繁复杂的世界，也就越快被这个快速发展的市场所抛弃。他们太教条了，看了他们的报告和操作，爸爸真是替他们着急。

所以，爸爸才会从小教育你，要养成良好的思维和行为习惯。爸爸还告诉过你，你的学习成绩可以排在中游，但是必须从小博览群书。等你将来长大了，无论你从事什么职业，广泛的阅读都将给你带来无穷的力量，让你学会独立思考，学会非线性思考。

第三，本金安全是一切投资理财成功的前提

1. 连本金都保不住，谈何投资理财？

在中国，大多数个人或家庭，要么根本就没有投资理财的意识，要么只是把钱存在银行的活期账户上，让钱闲

着，让自己的钱为别人赚钱。

他们或许从来就不知道，钱是可以生钱的。只要方法得当，即使你已经睡觉了，钱还在运转着，为你自己和未来的家庭带来财富。

还有一部分人，虽然知道投资理财的基本意义，但是，他们只是投资理财的盲从者。

典型的例子，当有一天听到身边的朋友说："最近股市大涨了，我赚了很多钱。"盲从的投资理财者仿佛一下子从睡梦中惊醒，根本就不用自己的脑袋想一想，做一做功课，就急匆匆地向朋友询问应该买什么股票，然后就把自己辛辛苦苦积攒下来的血汗钱，买入朋友推荐的股票。没想到，等到他觉悟的时候，股市已经进入最后的疯狂期了，他成了接最后一棒的人，钱不但没有赚到，反而把本金亏了一大半。之后，他就索性把亏损的股票弃置不管。本来计划用来买房、养老或是供孩子上学的钱，就这么不明不白地打了水漂。

这些盲从者，只是简单地把炒股票等同于投资理财。他们不知道，投资理财的工具极为丰富，而不同的工具又有不同的理论和规律，都需要通过刻苦学习和反复实践才能从容驾驭。他们甚至根本就不知道，投资理财的"第一铁律"是本金的安全。当爸爸告诉一位名校毕业的朋友"投资理财的先决条件是保证本金安全"时，他居然很茫然地对我说："炒股票不亏损，怎么有钱赚？"

巴菲特的老师格雷厄姆就通过自身血的教训，总结出了投资理财的三条铁律：第一条，本金安全；第二条，还是本金安全；第三条，记住前两条。

格雷厄姆十几岁的时候就通过投资股市，赚到了不少钱，并使自己和母亲过上了极为富裕和舒适的生活。但是，他一直保持着激进的投资风格，持续地把本金和赚来的钱反复投入股市。没想到，他碰上了1929年的经济大萧条，股市短期内暴跌70%，他的钱也几乎在一夜之间亏损了70%。

爸爸要告诉你，即使你连续十年每年都赚取60%的利润，但如果你不断地把本金和所有盈利都持续投入股市，只要一次100%的亏损，就会使你彻底沦为身无分文的人！格雷厄姆虽然只是一次性亏损了70%，但也足以使他立马"回到解放前"。

很多投资理财者还有一个很大的误区，不把赚来的钱当作钱，认为反正是投资赚来的，亏了就亏了。他们根本没想过，投资理财赚来的钱，就和自己利用辛勤劳动赚来的钱一样，也是钱啊！更何况，如果他不把投资理财赚来的钱当作本金来看待，高度重视其安全性的话，他就根本享受不到复利的巨大好处。那么，他也就永远实现不了财务自由，也将永远生活在被金钱奴役的深渊之中。

那位名校毕业的高材生反问爸爸："投资理财的教科书上不是说收益与风险成正比吗？要想有多大的收益，就必须冒多大的风险。"他还反问爸爸："中国的古话不是说'富贵险中求'吗？哪有不冒风险却能过上'人上人'的生活的？"

的确，任何成就的取得，尤其是财富上的成就，都绝对不是轻而易举的事情。爸爸反复说，任何有价值有意义的事情，要取得成功，没有不需要艰苦付出的。在中国古代，财富是与生命同等重要的东西，"人为财死，鸟为食亡"，人为了取得财富可以牺牲生命。

但是，那位名校毕业的高材生不知道的是，只要学会理性地看待风险、管控风险，利用科学的投资理财方法，是完全可以做到在保证本金安全的基础上，获取适度收益的。用牺牲生命的方式来获取财富，用卖肾的钱来买iPhone手机，就从根本上偏离了财富应有的价值和意义。与其卖肾卖血来获取金钱，为什么不通过刻苦学习来掌握发财致富的本领呢？如果是苦力或没文化的底层人士，也就罢了；一位受过高等教育，致力于过上"人上人"的生活的人，也不懂得刻苦学习之于投资理财的重要意义，不会利用"钱生钱、利滚利"的方式，在风险可控的前提下，获得财务的自由，那就真是非常遗憾了。

2. 安全边际是保证本金安全的"独门绝技"。

要在确保本金安全的基础上，获得适度的收益（这个适度，可以是年收益6%，也可以是30%），就必须理解一个概念：安全边际。

何为安全边际？以股票投资为例，安全边际指的是股票内在价值所具备的安全范畴。通俗一点的说法就是，当股票价格和内在价值相一致时，本应是我们应该买进股票的时候，但是由于市场的认知差异，我们需要给予该买进价格一个"保险"——即安全边际。也就是说，我们应该在股价低于其内在价值的时候买进。

举例来说，若某只股票内在价值为每股五元，当股价跌至五元时，我们不应该立即买进，等到股票跌到一元时，我们才可以大胆买进，这就是所谓的安全边际。投资理财真的是一个非常奇妙的领域，你想在超市里以五毛钱的价格买到一块钱的商品，基本是不可能的。但是，在股票市场这些投资理财的领域里，你真的就可以以五毛钱的价格买到一块钱的股票。也就是说，股票或债券市场，并不是有效市场，价格并不总是能反映价值。

利用安全边际来保证本金安全的投资工具，可谓十分丰富。举几个例子来说明：

"东方不亮西方亮""给点阳光就灿烂"。有个段子说做豆腐是最安全的：做硬了是豆腐干，做稀了是豆腐脑，做薄了是豆腐皮，做没了是豆浆，做臭了是臭豆腐。未来的 N 种情景，只要有一条实现了就赚钱，"东方不亮西方亮"，这就是安全边际。对未来要求太高的股票是没有安全边际的。

估值低到足以反映大多数可能的坏情况。低估值是安全边际的重要来源。未来总是不确定的，希望越高，失望越大。低估值反映的就是对未来的低预期。只要估值低到足以反映大多数可能的坏情况，未来低于预期的可能性就小了。很多人说，高风险高回报，低风险低回报。其实，低估值所带来的安全边际是获得低风险高回报的最佳路径。价值一块钱的公司股票，五毛钱买入，即使后来发现主观上对公司的估值出了 30% 的偏差，或者客观上公司出了意外，导致价值受损 30%，在这两种情况下，该公司的股票仍值七毛钱，投资者都不吃亏，这就是低估值带来的安全边际。

利用"备用系统"来限制下跌空间。安全边际好比工程施工中的冗余设计，平日看似冗余，灾难时才发现不可或缺，例如核电站仅有备用发电系统是不够的，最好还有备用的备用。现实生活中，百年一遇的灾害可能十年就发生一次，股市更是如此。铤而走险虽然能在许多时候增加收益，但是某一天你会发现，"出来混，迟早是要还的"。零乘以任何数都是零，所以要特别警惕毁灭性风险。

垃圾股如果没有更大的傻瓜接下一棒，股价是没有"备用系统"支撑的。博傻游戏玩久了，骗子越来越多，傻瓜就不够用了，还不如在低估值和基本面的双重保险中寻找安全边际。有安全边际的公司通常业务简单，价值易估，不具有反身性。索罗斯所说的反身性是指股价下跌本身对公司基本面有负面作用，易形成自我强化的恶性循环。举个例子，贝尔斯登股价跳水会导致交易对手"挤兑"，有反身性，故不能越跌越买；可口可乐股价跳水丝毫不影响它卖饮料，无反身性，故可越跌越买。

爸爸也举一个非常容易理解的例子，来说明如何利用安全边际保证本金的安全。有一位富豪要招聘一名司机。来了三位应聘者。他问三位："如果我坐在车上，前面是万丈深渊，你会把车开到悬崖的什么地方才停下来？"第一位应聘者说："我会把车开到距离悬崖十厘米的地方，再把车停下。"第二位说："我会把车开到距离悬崖十米的地方，再把车停下。"最后一位应聘者说："如果我明知道前面是悬崖，我就根本不会把车往那个方向开。"很显然，最后一位应聘者会得到富豪的聘用。因为，他懂得识别和判断风险，并深谙风险控制之道。

3. 懂得识别风险和管控风险，是投资理财的重要前提。

风险有两种，一种是感受到的风险，另一种是真实的风险。

股票暴涨后，真实的风险上升，感受到的风险却在下降。在 6000 点股市最危险的时候，大家感受到的都是歌舞升平。股票暴跌后，真实的风险下降，感受到的风险上升。在 2000 点股市相对低估时，人们感受到的却是凄风苦雨。

旅行相同的距离，乘汽车的死亡率是乘飞机的 60 多倍，但是有飞行恐惧症的人很多，而害怕乘汽车的人却很少。乘飞机感受到的风险较大，但是真实风险较小（出事的概率只有六百万分之一），所以卖航空保险是一门很好的生意。

从另一个角度看，风险还可以分为暴露的风险和隐藏的风险。我们要承担暴露的风险，因为人们已经避之唯恐不及，危险性已经反映在价格上了，承担这样的风险会有相应的高回报。相反，我们要避开隐藏的风险，因为人们还没有意识到它的存在，承担这样的风险没有相应的回报。"9·11"事件发生后，人们都不敢坐飞机了，其实 9 月 12 日与 9 月 10 日相比，暴露的风险大了，但是隐藏的风险反而小了，之后的十年是美国航空史上最安全的十年。"9·11"之后数月，许多人以驾车代替乘飞机，反而使得高速公路车祸死亡人数比往年多了 1500 人。

能否区分真假风险往往也体现了一个家庭的文化和水平。1987 年 10 月，美国股市一天狂泻 23%，高盛的风险套利部门损失惨重，鲁宾微笑着对团队说："公司对你们充满信心，如果你们想加仓的话，那就去做吧。"形成鲜明对比的是，其竞争对手美邦（Smith Barney）在黑色星期一之后解雇了套利部门的所有员工。其实，黑色星期一之后，暴露的风险很大，但是隐藏的风险不大；感受到的风险很大，但是真实的风险不大。能区分并利用这两种风险，是成功投资的必要条件。

再换个角度看，风险还可分为价格波动的风险和本金永久性丧失的风险。当市场在 5000 多点时，股价天天向上，风平浪静，价格波动的风险貌似不大，但本金永久性丧失的风险却巨大。当市场在 2000 点时，股价下跌不休，波涛汹涌，价格波动的风险好像很大，其实本金永久性丧失的风险却已急剧缩小。

为什么人们常常会在底部斩仓呢？就是因为底部往往是市场波动最剧烈的时候，而大多数投资者承担股价波动风险的能力是很弱的，并且常常在市场底部把波动性风险混同为本金永久性丧失的风险。

有个故事说，一个失恋的人找到一个老和尚，他说"师父啊，这个事情我怎么都放不下"，老和尚就让他拿着一个茶杯，给他倒热水，水满了烫到了他的手，他就把杯子放下了。老和尚说，这个事情就跟这杯茶是一样的，痛了就放下了。很多人做股票也是一样，涨了，爽了，就满仓；跌了，痛了，就清仓。低点低仓位、高点高仓位就是这么来的。其实，对于逆向投资者来说，最痛的时候，往往是最不该放手的时候。正如索罗斯所说，如果你承受不了失败的痛苦，就不要入市，因为没有人能够百战百胜。

人们常说高风险高回报，低风险低回报。其实，风险和回报常常不成正比。投资不可能不承担风险，成功的投资就是要承担那些已经暴露的、大家都感受到的、有相应风险折价但是真实危险性却很小的假风险。

如果你将来能把上述方法在其他投资理财的领域举一反三，那么，你就将成为投资理财的高手。

第四，普通的常识比伟大的理论更靠谱

爸爸先给你讲个故事。

有一天，我以前就职的公司的董事长主动加了爸爸的微信，头像的确是他。加了爸爸之后，他说他是某某某，爸爸用很尊重的语气跟他打了招呼之后，他说"你先忙，有时间再沟通"。之后，他离线。按爸爸当时的职位，爸爸基本上没有必要单独与他见面，因为，我们之前其实并不熟悉。之后，爸爸发了几个问候的微信给他，他只是偶尔回复一次。他的态度和反应，的确很像一位大牌的董事长。这让爸爸最终认定了微信上那个人，就是他。过了一些时日之后，他主动在微信上打招呼了，爸爸也就礼貌且充满尊重地与他聊了起来。聊了一会，他说他有一笔钱，想利用爸爸的名义开个账户存起来。爸爸立马感觉有些不对头。爸爸问能否到他办公室去面谈，他说他很忙，再约爸爸。之后，我们再没联系过。凭借常识，爸爸就能判断，这很大概率上是一个骗局，如果爸爸答应了他的要求，很可能一个骗局就开始了。

2015 年 4 月 10 日，一家权威媒体说，4000 点是牛市的开始。从那时开始，爸爸对待股市的态度就开始偏谨慎了。距离股市崩盘前的两个月，爸爸一转此前的乐观，开始提示风险。4 月 12 日，爸爸在龙门头条发表了《官媒应该"诱导"股市吗？》一文，明确提出，股市自有其运行

规律，以官媒的名义来引导股市的运行，会使得原本以慢牛方式运行的 A 股市场很快能量耗尽，最终留下一地鸡毛。文章还指出，眼前的世界，肉眼能见的世界，是一个多么不真实的世界……

事实上，爸爸从 4 月 12 日起，开始对股市提示风险，凭借的仅仅是基本的常识。第一，创业板已经被称为"神创板"，市盈率高达 150 多倍，创下了人类股史上的新高或次新高，包括中小板、中证 500 指数样本股在内的中小票泡沫极为严重，随时可能破裂。第二，深沪两市的日交易量，已经快接近三万亿元，创下史上新高，天文数字的交易量是不可持续的。第三，全民皆股，微信上谈论的话题几乎只有股票，所有的餐桌上都在讨论股市，神州大地股神上亿，全民处于癫狂状态。第四，杠杆融资越来越疯狂，融资余额接近三万亿元的天文数字，场外融资已经形成一个暴利行业。"上帝要让你灭亡，必先让你疯狂。"在全民疯狂的大背景下，一个人要保持理性和独立的判断，是多么的不容易。很幸运的是，爸爸做到了，因为爸爸是一个懂得常识的人。

无论是买方还是卖方的研究报告，包括宏观经济报告、行业报告、公司报告、策略报告，爸爸看过数百份。但是，爸爸发现，90% 以上的报告，都会用复杂和高深的理论，建立言之有理的模型，论据充分、数据充实、图表鲜艳、逻辑合理、推理严密，唯一可惜的是，结论都不那么正确。

比如，那些在 100 元附近推荐东方财富的报告，那些在股市到了癫狂状态还在"赌国运、看万点"的策略报告，就是典型的例子，他们失败的原因是无视常识。150 多倍的市盈率了，你还在推，不是无视常识，那是什么？投研报告与纯学术的报告不同，它们是投资的依据，是实战的策略情报，它需要的是有理、有据、合情、合理，需要的是站得高、看得远，需要的是独立思考，需要的是洞察力，需要写作者具备看到肉眼达不到的远方的能力。最重要的，是需要常识。

爸爸一直认为，两个多月之前的那次崩盘，没有阴谋。导致后来一切结果的，是市场运行的基本规律。利用最普通的常识就可以做出基本准确的判断。那是必然到来的结果，是任何人、任何力量都无法阻挡的山崩海啸。任何股市，都不能无限地上涨，就如同再有生命力的大树，它也无法长到天上去。涨多了最多跌一跌，涨疯了就会出现悬崖式的崩塌。跌多了、跌的时间长了就涨一涨，这都是任何市场都无法回避的规律性的、常识性的道理。山崩海啸来临了，是任何人都无法阻止的灾难。你因为救市便急着冲进去，就如同撑着把雨伞，顶着狂风暴雨和电闪雷鸣出行一样，想不被暴雨淋湿、不摔跟头，那是不可能的事，你甚至还有可能会丧生汪洋之中。同样，救市是救不出，也救不回的。因为救市而天真地冲进去的人，其悲惨后果也是必然的。那些被股市消灭的中产，以及那些因股灾而死去的人，也是必然的代价，因为得有人为灾难承担责任。就像一次火灾过后，需要有人承担后果一样。

在学校里，我们通过学习诸多课程，理解和领会了很多的理论，其中不乏伟大的理论。但是，任何理论，包括自然科学领域的理论，都存在着时代的局限性，都并非绝对真理。正如任正非的名言："将军不是培养出来的，是战场上打出来的。"课堂上也不可能培养出出色的实战型研究员和投资经理。理论给我们的只是一些衡量事物、规律和趋势等的参考标准。爸爸也不止一次地说过，文凭是铜牌，能力是银牌，人脉是金牌，思维是王牌。这些都算是常识。但往往越是常识，却越容易被人忽视。而这些常识又是课堂上学不到的，它来自阅读、旅行和交流，也来自实践、体验和感悟，更来自浩瀚历史长河的积淀。

我们再来谈谈历史吧。

1923 年至 1926 年，美国佛罗里达州的地价出现了惊人的飙升，房价以每年增一倍的速度疯涨。1925 年，仅有 7.5 万人口的迈阿密出现了 2000 家房地产公司，2.5 万名经纪人。1926 年，佛罗里达州地产泡沫破裂，许多企业家、银行家自杀；没有自杀的，则沦为了乞丐。紧跟着，爆发了美国乃至整个资本主义世界的经济危机，这就是 1929 年至 1933 年的"大萧条"。

1985 年，《广场协议》签署，美、日、联邦德国、法、英同意美元贬值，因此大量资本进入日本房地产市场，导致了日本股市和房市的暴涨。从 1986 年到 1989 年，日本的房价上涨了 2 倍。此时，国土面积仅仅与美国加利福尼亚州相当的日本，其地价却相当于整个美国的 4 倍。1990 年，仅东京的地价，就相当于美国全国的总地价。1991 年，房地产泡沫破裂，日本由此进入了"失去的 20 年"。甚至有人将日本此次房地产泡沫的破裂，称为"二战后日本的又一次战败"。

　　之所以谈历史，是为了说明一个常识性的道理——是泡沫，总会破裂。目前，中国的地产界存在着这样一种看法：北、上、广、深的房地产价格还有很大的上涨空间，因为这四个一线城市具备持续吸引各地年轻人进入的引力。如果有心，可以计算一下这四个城市的房地产价格（或者地价）总和，应该也可以把整个美国买下来了吧？果真如此的话，北、上、广、深的房价，还会继续涨吗？ 1991 年，东京的房地产暴跌。1998 年，香港的房地产也暴跌。1996 年，香港出现了买房前必须先花 150 万港币买号的怪事，可见当时有多么的疯狂。那么，凭什么就认为北、上、广、深的房价不会跌呢？

　　爸爸之所以讲房地产，是因为这个行业直接关系到中国宏观经济及传统产业的走向，也将直接决定大家最为关心的股市走向。股灾才过去不到一个季度，一些著名的投资银行又开始鼓吹，A 股的牛市就要来了！他们说："干吧，高潮还远未来临！"说实在的，把需要理性对待的投资行为"口号化",这些人不是不懂股市,而是不够厚道。中国经济在房地产拐点到来、传统拉动经济增长动力失速的时候,已经到了需要通过转型升级来挽救自身的地步了。我们所面临的困难和矛盾,绝对不是一两天就能够解决的。过去 37 年的改革开放取得了辉煌的成就,但积累的问题和矛盾同样是需要时间来化解的,少则三年,多则五年。在基本面不支持的条件下,类似去年 7 月到今年 6 月这波疯牛的逻辑(即通过人造牛市来大幅提升直接融资比例,为"大众创业、万众创新"和宏观经济转型升级服务),已经被证伪了。在创业板市盈率高达 100 多倍、中小型上市公司估值高达 60 倍、银行等以房地产为支撑的传统行业增长乏力甚至即将负增长的当下,如果 A 股再来一波人造牛、资金牛,比如再涨到 4000 点以上,最终的结果,在很大概率上,与刚刚过去的股灾不会有太大的区别。

亲爱的女儿,还有几天就是新年了。爸爸静下心来,把自己对投资理财理念、方法和经验等方面的思考,在信中跟你深入地聊一聊。你现在看不懂,没关系,等你长大了,你会慢慢理解的。投资理财是人一生的大事,做好了,将会对你获得健康丰盛的人生起到非常关键的作用。

祝你好运!

爱你的爸爸

2015 年 12 月 26 日于家中

第五封信
满怀希望地活着——2016 年新年之际

亲爱的女儿：

你好！

在不知不觉中，从不回头的 2015 年列车已经轰然驶过，同样不会回头的 2016 年列车也已经悄然驶来！所有的悲喜，都已经留在了 2015 年；还有更多的悲喜，会在 2016 年发生。

在新旧交集的这个时点上，爸爸想到这么一个故事，记载于《孟子·滕文公章句下》：

"景春曰：'公孙衍、张仪岂不诚大丈夫哉？一怒而诸侯惧，安居而天下熄。'孟子曰：'是焉得为大丈夫乎？子未学礼乎？丈夫之冠也，父命之；女子之嫁也，母命之，往，送之门，戒之曰："往之女家，必敬必戒，无违夫子！"以顺为正者，妾妇之道也。居天下之广居，立天下之正位，行天下之大道。得志，与民由之，不得志，独行其道。富贵不能淫，贫贱不能移，威武不能屈。此之谓大丈夫。'"

孟子（约前372—前289），是战国时期的思想家、政治家、教育家。他被认为是孔子学说的继承者，有"亚圣"之称。《孟子》是儒家经典之一，主要记述了孟子游说各诸侯国的言行，以及同当时各学派的论辩。

爸爸上中学的时候，从课本中念到"富贵不能淫，贫贱不能移，威武不能屈，此之谓大丈夫"时，心里充满了豪迈之情，认为自己可以成为"大丈夫"——大丈夫是"一言既出，驷马难追"，大丈夫是"泰山崩于前而色不变"。

可是，在现实生活中，哪有这样慷慨的人啊！或许，在春秋战国时代的确有这般慷慨悲歌之士，因为那是中国最为辉煌的时代之一。中国的文化根基，基本上是在那个时代奠定的，如对中华文化形成决定性影响的老子、孔子、孟子、韩非子等诸子百家，就诞生于那个时代。

如果没有那个时代，中国将不成其为中国。两千年后的中国和中国人，已经不是两千年前的那个中国、那群中国人了。

比如说爸爸，也曾有过一段极为痛苦的时光。那段时间里，爸爸的日子是黑暗的；为了有希望地活着，爸爸每周都去买十块钱彩票。买了彩票，爸爸就有了希望：万一中了大奖呢？

其实，每个人，包括你在内，都会在未来的日子里，经历那样的痛苦时光，或许是因为自己最亲近的人逝世，或许是因为自己最爱的人背叛了自己，或许是因为病痛的打击，或许是因为遇上了战乱，或许是因为自己内心无法承受某些预想不到的压力……人生最大的挑战，来自不确定性。而人生最大的意义，也在于不确定性。所谓的不确定性，就是不知道自己明天会碰到什么事、什么人，甚至下一秒钟会发生什么。比如，那些在战场上冲锋陷阵的战士，这一刻还活着，下一刻就可能死去。但，战士之所以敢于向前，是因为他们有信仰。而信仰，就是人的希望的最大化、极致化。

刚刚过去的 2015 年，你收获了成长。爸爸最开心的，是你已经可以弹奏出流畅的钢琴曲了，比如《童年的回忆》。某个晚上爸爸下班回家，偶然听到你在弹奏这首世界名曲，爸爸心里是多么开心啊。爸爸不由自主地坐到了你的身旁，静静地欣赏你指尖流淌出的美妙之音。这是爸爸过去一年里最幸福的时光……这要感谢妈妈，因为有妈妈的坚持，才有了你的坚持。不然，你可能也像很多小朋友一样，因为枯燥和艰苦而放弃了对钢琴的坚持。

爸爸也有自己的成长。比如，爸爸早在前年，也就是 2014 年的 7 月初，判断出中国的股市将迎来一波牛市行情。幸运的是，爸爸坚决地用家里几乎所有的钱，陆续买入了一些指数基金；更加幸运的是，爸爸在去年的 6 月 18 日，果断地把能卖的基金全卖了出去；而且，关键的是，爸爸没有因为国家救市而重新进入股市，从而免于受到二次伤害。值得欣慰的是，爸爸还在退出股市之后，用家里大部分的钱买了一支美元计价的固定收益产品，我们家不但躲过了救市之后的股灾，而且还享受到了人民币贬值和那支基金上涨带来的收益。

亲爱的女儿，上面那段文字，写起来轻巧，做起来可不那么容易。你如果是爸爸创办的公众号"龙门"的读者或一位投资者的话，你就会知道，2015年的中国股市，是多么惊心动魄，就像战场一样，刀光剑影、硝烟弥漫、电闪雷鸣，生与死就取决于一秒钟。很多人的命运，真的就取决于那一秒钟的决策：决策对了，就是巨大的财富；决策错了，就是万丈深渊……

就这一点来看，爸爸的2015年是幸运的，也是成功的。但是爸爸不敢把上述的成功归功于自己的能力，而是把它归于爸爸和咱们家的幸运，最多只是爸爸的一些投资经验，以及关键时刻的果断起到了部分作用。

如此而已。

或许，所谓的"富贵不能淫，贫贱不能移，威武不能屈"，指的就是人在关键时刻的决断吧。在普普通通的日子里，其实我们也碰不到富与贵、贫与贱、威与武，不是天堂就是地狱的选择。但是，可能在这一个个普普通通的日子里的某一刻，我们作出的一个决策却决定了自己的富贵与贫贱。作出正确决策的能力，或者说智慧，是需要长期的学习与磨炼才能得到。

而爸爸，又并不希望这样的抉择时刻，屡屡出现。

爸爸的 2015 年，也有过迷茫。但是，爸爸的 2015 年，更多的是希望。

爸爸的 2015 年，跌落的深度，绝对没有达到要靠买彩票来获得希望的程度。更何况，值得幸运的是，爸爸还找到了未来若干年值得全力付出的事业。

所以，爸爸的 2016 年，还有 2017 年、2018 年……都将是充满希望的未来；你的 2016 年，也将是精彩并充满希望的。

2016 年，会是什么样的？我们会碰上些什么事、什么人？爸爸也不知道。但是，爸爸可以确定的是，我们都会有尊严地、充满希望地生活着，一步一个脚印地走向一个又一个光明的未来！

最后，爸爸要祝福你，祝福妈妈，祝福大龙，祝福小龙，还有爷爷、奶奶、外婆，以及我们所有的亲人，还有爸爸所有的领导们、同事们、朋友们，以及龙门的读者们，在新的一年里：

幸运、健康、丰盛，快乐、美满、如意！

爱你的爸爸

2015 年 12 月 31 日

第六封信
为什么要学习？

亲爱的女儿：

你好！

爸爸今天要跟你谈谈学习目标的问题。

爸爸的学习故事

在像你这么大的时候，爸爸这代人，对于学习目标，从一开始就带有很大的盲目性。关于为什么要学习的问题，爸爸也是自己经过了反复摸索和总结之后，才逐渐得到一个相对满意的答案。

小的时候，爷爷奶奶，还有太奶奶，都告诉爸爸说："书中自有黄金屋，书中自有颜如玉。"但是，直到很久以后，爸爸才明白这句话的意思。

读书可以得到黄金，读书可以得到美女。千余年来，这句话告诉中国的莘莘学子，读书的目标就是为了取得财富和娶到美丽的太太。

爸爸小时候，生活在一个偏远的小乡村。日子非常苦，物质极为缺乏。为了填充饥饿的胃，大人小孩都要辛苦地劳动，面朝黄土背朝天。爸爸也不例外，也要跟着爷爷奶奶在炎热的太阳底下，挥汗如雨地劳动，非常辛苦。爷爷对爸爸说："如果你将来考不上大学，那么你长大后就只能放牛。"这就是促使爸爸努力学习的现实压力，因为放牛可不是歌里唱的那样，在一望无际的草原上，吹着悠扬的笛子，晒着温暖的太阳，过着浪漫的牧歌似的生活。那是一项孤独、寂寞而又辛苦的劳作。

学习好了，可以得到黄金和美女，学习不好了，就只能一辈子放牛。在这样的诱因下，爸爸开始拼了命地学习，以求鲤鱼跳龙门，用知识改变命运。

当时，就爸爸、爷爷奶奶，还有太奶奶太爷爷的眼界，我们能够看到的最美好的生活，也就是县城里的商店售货员、工厂工人、学校里教书育人的老师的生活，最多也就是县政府里我们连面都见不到的县长的生活。爸爸那时也以为，能够去县城的商店里做一名售货员，拿工资、吃商品粮，不用在田地里挥汗如雨地劳作就是最美好的生活了。爸爸小时候，做梦都想着能过上这样的日子。

所谓的坐井观天，说的就是爸爸小时候的这种处境。那时没有电视，也没有书籍，即使书店里有书籍，也买不起，所以我们一直不知道外面更广阔的世界到底是个什么样子。直到后来上了县城里的初中，在看一部描述城市生活的电影时，爸爸才知道，原来外面的世界是如此精彩：五彩斑斓的霓虹灯、车水马龙的街道、宏伟壮观的建筑、衣着光鲜的行人。爸爸至今还记得，初一的时候，在电影中看到邓丽君，看到她在星光灿烂的舞台上曼妙的舞姿，听到她动听的歌声，那是多么震撼人心啊！在那一刻，爸爸就下了决心：一定要通过读书，走向电影中那个光鲜灿烂的世界。也正是这样，爸爸的学习动力就更加强劲了。

后来，爸爸成功地实现了自己小时候的梦想。但是，在走遍了全国乃至全球的城市、看到了小时候梦寐以求的世界之后，爸爸却迷茫了，很多时候还非常痛苦：难道这就是我要的生活吗？读书和学习，就仅仅是为了看到五彩斑斓的霓虹灯、过上丰衣足食的城里人的日子吗？

你很幸运，在你还只有三五岁的时候，爸爸和妈妈就带着你去了日本、瑞士、英国等发达国家，还有泰国、柬埔寨等发展中国家。国内的城市，就更不用说了。仅就见识来说，你的起点比爸爸不知高了多少倍。你的起点，是爸爸艰苦努力了二十余年的结果。所以，对于为什么要学习，你也要站在爸爸的肩上来思考。

爸爸的思考

一直到上了大学，爸爸还是没有遇到真正的人生导师。1989年，爸爸进入武汉大学学习，那时候的老师们，大多还处于贫困之中。老师们自己也不知道学习和生活的真正目的，他们奋斗的目标，也还停留在要多赚点钱的阶段。许多老师为此纷纷辞职，到当时蓬勃发展的深圳去淘金。老师们当时的眼界，其实也并不比作为学生的爸爸高多少。

在上大学之前，爸爸一直以为，书中的话都是颠扑不破的真理。好在大学里有位叫赵志龙的政治辅导老师告诉爸爸，要敢于怀疑书籍，书籍里告诉我们的并非都是真理；很多问题，包括自然科学的问题，都没有标准答案。他对爸爸说，辩证唯物主义哲学并非世界上唯一的哲学，除了马克思、恩格斯、列宁等这些大思想家之外，还有尼采、康德、黑格尔、苏格拉底，还有孔子、孟子、老子等等，他们都是伟大的哲学家。于是，爸爸就开始阅读更多的书，因为大学的图书馆里，几乎什么书都有。

1949年之后的中国大学，与1949年以前的大学有很大的不一样，1949年之后的中国大学是按照苏联的大学模式来建立的：按照专业培养专才。比如，北京航空学院，就是为了培养航空航天的专业人才而设立的。所以，按照苏联的模式，大学进行了大规模的院系调整。很多综合性的大学进行了分离、合并，大学的目的就是要将学生教育

成为某一方面的专业人士。高中也分了理科和文科。这样
教育出来的学生，大多是偏科的，理工科的学生十分缺乏
人文素养，而文科学生则缺乏自然科学的教育。这直接导
致了很多人对世界的理解是片面的。

爸爸上的武汉大学是一所综合性的大学。其好处在于，
爸爸不但可以与文科专业的同学交流，也可以与理工科的
学生进行交流。武大还是一所相对自由和包容的大学，所
以，爸爸在大学学习和交流的过程中，可以得到更多元的
知识和信息。

但是，在大学里，也包括大学毕业后的很长一段时间
里，爸爸都是很迷茫很痛苦的。因为，爸爸一直没有找到
学习和生活的真谛。到了深圳以后，又走了很多弯路，经
过了很多次痛苦地思考，爸爸终于明白了：学习和阅读的
真正目的，是为了培养自己独立思考的能力，是为了学会
选择，包括找到选择的标准、掌握选择的能力，以及执行
选择的能力。得到这样的认识，是极为不容易的。因为当
时的主流观念认为，课本里所讲的，都是真理。接受教育
的人，如果只按照课本的理论去思考，最终的结果就是失
去独立思考和作出合理选择的能力。

教育的失败之处，就在于此。

独立思考太重要了。

爸爸给你讲一个小故事吧。

两条小鱼遇到一条大鱼。大鱼问小鱼："今天的水怎么

样啊？"两条小鱼不吱声，离开大鱼后，游了好大一会儿，有条小鱼忍不住问另一条小鱼："哥们，什么是水啊？"

你可别笑，现实生活中的很多人，在"水"里生活得太久了，就连什么是"水"都不知道了。这说明，他们已经失去了独立思考的能力。

在约翰·纽曼的《大学的理念》一书中，有这样一句话："只有教育，才能使一个人对自己的观点和判断有清醒的认识；只有教育，才能令他阐述观点时有道理，表达时有说服力，鼓动时有力量。教育使他能看到世界的本来面目，切中要害，解开思想的乱麻，识破似是而非的诡辩，撇开无关的细节。"

爸爸认为，约翰·纽曼的话，正是针对为什么要学习和阅读的最深刻的解读。学习和阅读的目标，就是为了培养独立思考的能力，就是为了培养如何正确思考的思维能力，就是为了培养如何做出合适和正确的选择的能力。

爸爸曾经写过一句话："文凭是铜牌，能力是银牌，人脉是金牌，思维是王牌。"文凭，任何人只要接受了学校的教育，都可以取得，无非是中学文凭还是大学文凭的区别。现在有些人甚至可以用钱和权去"取得"博士文凭。能力却不是任何人都能具备的，尤其是卓越的办事能力。人脉，尤其是有效的人脉，得之更不容易。你有多优秀，你有多出色，才能取得相应的有用的人脉。因为人脉是要靠你与别人交换的资源的多少和好坏而换来的——这是一个很残酷的现实。但是，思维模式，却是可以通过学习、阅读、交流、实践得来的。

一个人能够取得成功，获得幸福和快乐，最终靠的是思维，思维是一种能力，更是一种智慧。

爸爸所指的思维，是一种最强大的能力，是独立思考的能力。在现实生活中，绝大多数人都是平庸的，因为绝大多数人都缺乏独立思考的思维能力，他们在面对选择时，采取的都是大众化的思维模式。随大流是一种"羊群效应"，这种选择不会有大错；即使错了，也是大家的错，个体的人能够得到为自己错误选择辩解的理由：大家都一样，其他人也好不到哪里去。有且仅有与众不同的独立思考，方能得出与众不同的结果，取得大多数人无法取得的成就。

马克·吐温就说过："当你跟多数人站在一起的时候，就需要停下来反思自己是否错了。"多么深刻的认识啊！

爸爸是在投资领域里工作的人。在股票的投资中，要想取得成功，就必须跟大多数人的思考方式不同。因为，你要在人多的地方寻找黄金，是不可能的，因为那里已经被人刨地三尺找过无数遍了；只有在大多数人没发现的领域，才有可能找到有价值的或被严重低估的股票，你买入它，不但安全，而且还能赚到大钱。投资的成败，表面上看靠的是能力、运气、外部环境，实质上，最终的决定因素是一个人是否具备独立思考的能力，是否具备正确思考的思维方式，甚至还包括这个人是否善良、正直、有格局。

荣格说，性格决定命运，其实一个人的性格也决定了他投资的成败。

为什么大多数人都缺乏独立思考的能力？一个重要的原因，是因为大多数人都缺乏持续学习的能力和习惯。学习绝对不仅仅只限于学校，爸爸所指的学习是广义的，包括向课本学，向老师学，向生活学，向别人学，向自己学……学习是一种生活习惯，学习是一种人生态度，学习是一个人站立的姿势——这种姿势是向着太阳的、健康的、乐观的、进取的。爸爸可以向你保证，一个具备持续学习习惯的人，他的生活，再糟也糟不到哪里去；而且，即使暂时很糟糕，也仍然具备向上生长的可能。

学习是快乐的

在我们家，妈妈是全职妈妈，她的主要工作，就是带好你和两个弟弟。妈妈也是名校毕业，曾经也是一家大型财经网站的总编辑。从爸爸的观察来看，全职妈妈这个职业是非常不容易的。你学得很苦，妈妈教得也很苦。

妈妈之所以要做全职妈妈，是因为她希望你和弟弟未来都能够拥有幸福快乐的生活。妈妈讲过一个故事，说的是她的一位同学，尽管各方面都很平常，但是由于她同学的妈妈善于引导，一直陪伴着女儿长大，所以，那位同学后来成长得非常好，比很多优秀的人都要好。据说国外的很多世家，妈妈们都会陪同子女一起成长。

你是一个聪明的孩子，智商也不低，但是，你有几个突出的问题。一是粗心，每次考试都有题目漏做。二是拖拉，半个小时可以完成的功课，非要磨蹭到一个小时。三是缺乏毅力，每学期开学的头几周，你表现得都很好，可是很快就变样了。你总是想着玩，所以学也学不好，玩也玩不好。妈妈为此真是伤透了脑筋。最后，妈妈得出的结论是：学习是痛苦的。你痛苦，她也痛苦。爸爸有时候也不知道，你的小脑袋里，到底在想些什么。爸爸已经不可能用以前爷爷教育爸爸的那套老办法来教育你了。你生活的时代与环境和爸爸小时候已经不可同日而语了。或许，你暂时还没有感受到学习的快乐。或许，你有一天会突然觉悟。

其实，爸爸也开始看到你成长的快乐了。比如，你能够把极为枯燥的钢琴学习坚持下来，虽然有好几次你似乎要中途放弃了。那天晚上，爸爸听到，你已经能够流畅地弹奏《童年的回忆》这样的世界名曲了。比如，学习英语虽然看似很痛苦，但你已经可以用流利的美式英语为《阿凡达》配音了，你还在全校英语演讲比赛中，战胜很多高年级的学生，获得一等奖的好成绩。比如，奥数老师多次跟爸爸讲，你的数学理解能力很出色……这些阶段性的小小成绩，不都是一件件快乐的事情吗？

感官的快乐，不是真正的快乐；心灵的快乐，才是真正的快乐。

前者用钱可以买到，但不长久，也无法解决你内心深处的问题——心灵自由的问题，内心充实的问题，时刻对生活和人生保有希望的问题，以及免于内心恐惧的问题，免于内心匮乏的问题，免于失去方向的问题，获得丰富内心情感感受的问题……这些问题，爸爸可以肯定地告诉你：与钱的多少基本上没有直接关系，而与你学习的能力却大有关系。孔子最有钱的弟子子贡和最穷的弟子颜回，谁最快乐？恐怕是颜回吧。孔子评价颜回时说："贤哉，回也！一箪食，一瓢饮，在陋巷，人不堪其忧，回也不改其乐。贤哉，回也！"爸爸在另一封信里，也引用过这段话。这段话说明，颜回是有智慧的，他知道如何使自己快乐起来。

一个成年人，知道如何使自己快乐起来，真正地快乐起来，是需要付出艰苦的学习和努力的，是我们一辈子都需要学习的大智慧！

学习钢琴看似痛苦，你从六岁开始学，到现在九岁，终于能够弹奏旋律优美的《童年的回忆》了，这就是学习的快乐。很多和你一起学钢琴的孩子，半途中断了，他们就享受不到你如今这样的快乐了。当你长大后，如果哪一天遇到了不开心的事情，弹奏几首喜欢的曲目，你的心情便会逐渐好起来。

而且，你还会跳舞，能跳专业的民族舞，你也会画画，还喜欢阅读，也有写作的天赋。所有这些，都是超越了物质的精神层面的东西，它们在你未来的人生旅途中，肯定会给你带来无穷的幸福和快乐。站在爸爸的角度，可以为此提供物质层面的力量，爸爸可以花钱，让你学习你喜欢的任何东西，包括游泳、滑冰等等。如果爸爸小时候，也有这样的条件和机会，爸爸的人生将会更加快乐和幸福。但爸爸没有。

将来，你如果能考上好的中学和好的大学，这两个结果本身也将给你带来成功的快乐，但达成它们的过程，可能像你如今的感觉一样，是痛苦的。任何含有实质意义的成功，比如财富，比如快乐，比如幸福，比如和谐的家庭，比如美好的友谊，没有不需要付出代价的。最大的快乐，便是内心的觉悟、宁静与充实，世界上只有极少数人能够最终得到，爸爸希望你能够成为幸运者之一。

爸爸最后要告诉你的是，你从出生开始，就不必为财富而烦恼，因为命运已经把你送到了一个伟大的时代，一个物质极为丰富的时代。你所要做的，是要掌握使你快乐的智慧。

学习是快乐的。你现在懂了吗？不懂也没关系，爸爸相信，总有一天你会懂得的。

祝你幸运！

爱你的爸爸

2016 年 1 月 1 日于家中

第七封信
阅读丰富生活

亲爱的女儿：

你好！

又是一个周末，到了爸爸该给你写信的时间了。今天，爸爸跟你谈谈关于阅读的话题。

根据爸爸的经验，等你长大了，如果持续在业余时间内做好四件事，你的人生必定不至于太差：一是持续地阅读，二是持续地锻炼，三是持续地写作，四是结交良师益友。如果这几件事你都坚持做好了，你的人生一定会很精彩，你一定会获得健康丰富的人生。

一些关于阅读的杂谈

爸爸近期读书，有两段古语印象深刻。一段出自《帝王世纪》（西晋皇甫谧撰）："帝尧之世，天下太和，百姓无事。壤父年八十余，而击壤于道中。观者曰'大哉帝之德也。'壤父曰：'吾日出而作，日入而息，凿井而饮，耕田而食，帝何德于我哉！'"这体现了中国古代农民享受自给自足、桃花源般的自在生活，大有当代诗人海子"喂马劈柴，面朝大海，春暖花开"的意境：田园牧歌，鸡犬相闻，与世无争，山高皇帝远。

其实，由古至今，陶渊明描述的桃花源，只存在于人的主观世界。正如英国历史学家 C.A. 贝利在其《现代世界的诞生：1780—1914》一书中所言，在人类历史漫长的农耕文明中，每20年就会有一次毁灭性的旱灾，农民既不是诗人笔下的浪漫牧歌人，也不是阶级论下天然的起义者、革命者。

另一段是孔子的话。他说："所谓大臣者，以道事君，不可则止。"他的意思是说，忠君爱国，也是有条件的，在君国之上，还有"道"。所谓"道"，用现代的话来说就是"绝对真理"，也可以说是合法性。古人认为，君权天授，但如果君不行道，臣则可以不忠于君，否则就是"具臣"，也就是君王的工具了。

爸爸若干年前读过南怀瑾的《论语别裁》。如今每读到带有"子曰"的文字，都有些感悟。可惜在年少之时，爸爸没有趁记忆力好的时候，把《论语》和《道德经》等经典背下来。儒和道，是影响中国文化的最深的源头。不过，爸爸现今慢慢地开始体会到，儒、道其实同源，只不过老子是消极的儒，而孔子是积极的道。

爸爸喜欢阅读历史和人物传记。比如傅国涌的《金庸传》就是一本极有趣的书，反映的是1949年后，金庸那一代人的创业史，以及香港的发展史。金庸以武侠小说闻名于世，但很多人不知道，他写武侠小说其实是为了促销他创办的《明报》。在香港，任何人，只要有能力，都可以办报。办报，其实就是办企业。金庸是报人出身，他的特长就是写作。当然，他也具备浙江人刻苦认真的经营能力。为了让自己办的《明报》能畅销，金庸就发挥他的特长，每天都在《明报》上连载几千字的武侠小说。香港人为了看他的小说，就天天买他的《明报》，《明报》于是洛阳纸贵，成了香港的名报。所以，金庸其实首先是一位企业家，其次才是一位作家，但大多数人知道的，是他武侠小说家的身份。为了办企业，把自己包装成一位作家，并在中国文学史上留下了浓墨重彩的一笔，堪称前无古人了吧。据说，邓小平、蒋经国都是金庸的武侠迷。金庸通过武侠小说这种虚构的手法，将他对历史、对世界、对哲学、对人性等的深刻看法，表现了出来。

《明报》是定位为知识分子高端读物的报纸。后来成功了，就开始涉及财经领域，而林行止则是《明报》在财经领域的干将。不想，林行止翅膀一硬，出来单干，办了《信报》，主攻财经，非常成功。自此，金庸的《明报》就彻底不再涉足财经了。如今，爸爸在工作中，阅读的主要报纸就是《信报》。林行止也是和金庸一样敬业的人，每天都在《信报》时事评论栏目里发表一篇 3000 来字的文章，其阅读量之大、知识之渊博、精力之旺盛，堪称香江第一健笔！

按财富计算，金庸、林行止都可以堪称巨富，但他们都是非常勤奋乐业之人，即使功成名就、财富累积如山，都不曾停歇。作为报人，他们都曾经且正在影响着历史，甚至创造了历史。金庸曾经在林彪刚被定为接班人后，准确地预测到了他后来的结局，也曾经对 1976 年后中国的走向，作出了合乎逻辑的判断。作为邓小平、蒋经国的同代人，他也因其成就，成为两位风云人物的座上宾。

林行止也有和金庸一样的敏锐洞察力，读他的评论，每每颇有启发。他在一篇评论里谈到感恩节的故事。

1620 年，"五月花"号三桅航船运载着 102 名英国移民抵达了现今的美国普利茅斯。这些移民到达北美后，过着饥寒交迫的生活，甚至有人因此违背宗教信仰而去偷盗。生活窘迫的原因，除了天气恶劣导致农作物歉收外，主要是因为这批移民实行的是"公地耕作"，把收成集中起来，大家各取所需。后来，他们发现"公耕"和"大锅饭"不可行，于是在 1623 年分田分地，由各位小地主负责耕作，当年就取得了大丰收。这批移民于是狂欢三天，感恩上帝。

林行止讲的这个感恩节的来历，和很多人知道的版本不同。他们真正要感恩的，其实是"私有产权可以激发人类生产力"这一客观规律。爸爸也是从林行止的文章中才读到了这段历史背后的深意。

1983 年，爸爸在农村老家，亲身经历了联产承包责任制改革，农村因此迸发了巨大的活力。在此之前，我们经历了长期的吃"大锅饭"，在接受了惨痛教训之后，才发现它是行不通的。

阅读的意义

你曾经告诉爸爸，知了之所以会叫，是因为它肚子上有一个发声器，知了死后，如果用手去触碰它腹部的发声器，它依然会叫。这个关于知了的有趣知识，是你七岁时告诉爸爸的。那时，你刚上小学二年级，正着迷于法布尔的《昆虫记》。爸爸很高兴，你也养成了阅读的好习惯。

爸爸是在你三岁时，开始教你认字的，你七岁时就已经能独立阅读了。而你阅读习惯的养成，一部分原因，是受到爸爸坚持睡前阅读的影响。爸爸有一个习惯，就是一边读书，一边用笔把精彩的语句画出来，而你居然也学着这么做。可见榜样的力量的确是无穷的。阅读给了爸爸太多东西，能够影响你的阅读习惯的养成，也算是收获之一吧。

林语堂说："没有阅读习惯的人，就时间、空间而言简直就被监禁于周遭环境中。他的生活完全公式化，他只限于和几个朋友接触，只看到他的生活环境中发生的事，无法逃脱这个监狱。但当他拿起一本书，立刻就进入了另一个世界。"爸爸深以为然。

今年以来，爸爸的阅读主要集中在历史、人物传记方面。给我印象最深的历史著作是黄仁宇的《万历十五年》。该书是爸爸多年前买的，今年方得以认真阅读，纸张业已泛黄。

《万历十五年》给爸爸的最大冲击是，万历皇帝其实是被内阁囚禁于紫禁城内的"囚徒"，皇帝的老师成了他的首辅大臣，皇帝没有实权，只是王朝的一个符号。在重大决策上，皇帝的发言权并不大，他甚至终其一生也只出过紫禁城四次。他因此"罢工"，不出早朝，不主持经筵。后来，皇帝把他的老师——首辅大臣张居正，抄家，甚至把张居正的后代赶尽杀绝。其实，封建王朝功高盖主的重臣的结局，古今都不会有例外。

哥伦比亚大学博士、历史学家唐德刚的系列著作，如《袁氏当国》《李宗仁回忆录》《胡适杂忆》《胡适口述自传》等书，都极精彩。它们的确把爸爸带到了另一个完全不同的年代，简直就是一次又一次的时空穿越旅行，与爸爸曾经被反复强迫学习、背诵和考试的历史教科书不同，这些历史书里的人物有血有肉，历史事件逻辑清晰，有前因后果。比如，伟大的革命先行者孙中山先生被袁世凯叫做"孙大炮"，是指他能说会道、思想体系清晰，但执行力却基本为零。孙中山在其著名的《建国方略》里提出，要在若干年内建设 16 万公里铁路。袁世凯曾委任他为铁路总公司总经理，他在任内却连 1 公里铁路都没建成。所以，袁世凯以"大炮"谓之，并不把他当成对手。孙中山提出的宏伟的铁路修建计划，一直要等到百余年后，方由后人来完成。反而是宋教仁，敢说敢做，执行力强，被袁世凯视为眼中钉，非杀之而后快。

胡适是陈独秀在北大时期的同事和领导。作为著名的自由主义者、思想家，北大校长胡适，其为人堪称楷模，他曾经多次向陈独秀施以援手。胡适曾说："所有的主义和学理都应该被当成参考或比较研究的工具，而不应该把它们当成宗教信条一样来顶礼膜拜；所有的主义和学理都应作为帮助我们思想的工具，而绝对不能把它们当成绝对真理来终止我们思考和僵化我们的智慧，只有这样，我们才能培植我们有创造性的智慧。"这样的观点，如今读来，仍振聋发聩。胡适因其对单一"主义"的反对，曾被人以百万字的篇章来专门驳斥，而他在台湾逝世后，却万人挥泪相送。历史的精彩，真是胜过好莱坞巨片！

爸爸的阅读，完全是非功利性的。即使是对财经类书籍、报刊及报告的阅读，我也不带有丝毫功利。每个人，即使日理万机，也会有大量闲暇甚至是无聊的时间，如何打发这些时间，不同的人会有不同的方式。近年来手游日盛，就是顺应了国人不知道如何打发时间的现实需要。手游与阅读是两种打发时间的方式，本无高低贵贱之分，因为每个人都有安排自己时间的自由。但爸爸坚信，对睡前两小时的安排不同，久了，结果是会有差别的。爸爸在微博、微信主页的个性化签名写的是：阅读积累知识，写作获得智慧，交流碰撞火花，旅行积攒见闻，工作创造成就，一切归于生活。这些话，爸爸都是有感而发的。爸爸一直认为，在货币超发、通胀横行的今天，唯有书籍是贬值最慢的商品。任何阶层的人，无论总统还是乞丐，都有买书的能力。在古代，阅读是富人和贵族的专利，但在现代社会，由于印刷、造纸和物流的高度发达，在阅读这件事上，所有人都是平等的。关键，就看你是否有阅读的习惯。当然，爸爸也免不了儒家入世的俗套，最终还是讲究结果的，爸爸的目的是尽量往生活的大容器里多装些有意义的内容。

英国历史学家马丁·吉尔伯特的《丘吉尔传》是爸爸新年之际推荐的好书。它讲述了一位普通贵族后裔，如何在民主制度下成长为一代伟人。丘吉尔集伟大的政治家、军事家、画家、文学家、历史学家于一身，荣获诺贝尔文学奖。这本书，读来有趣有味。另外，等你长大了，还可读一读阿诺德·汤因比的《历史研究》《人类与大地母亲：一部叙事体世界历史》，弗朗西斯·福山的《历史的终结与最后的人》《政治秩序的起源：从前人类时代到法国大革命》，以及亨利·基辛格的《世界秩序》等书。很巧的是，后面几位作家都是美国人，包括爸爸前面提到的唐德刚教授，也是美国人（美籍华人）。

如果你长大后拥有很强的英文阅读能力，那将是一件很开心的事。因为，你学好了英文，可以通过阅读英文原版著作了解真实的世界——有些译著中的表述是不准确的。

亲爱的女儿，在电子化阅读颇为流行的当下，爸爸依然保持着纸书阅读的习惯。爸爸之所以不读电子书，是因为爸爸想把自己认为好的书都保存起来。爸爸每个月都会买几本书。等你和弟弟们长大了，我们家将会变成一个小小的图书馆。这些优秀的图书，将会成为你们成长的养料。经典的书籍，是不会过时的。我也非常希望你们能养成阅读的好习惯。阅读是丰富人生的最好手段。

我们生活的世界越来越躁动不安，危机正成为常态：多发的自然灾害，不断的人为意外，肆虐的传染疾病，难测的经济危机，丑陋的政客纷争，骇人的恐怖活动，突发的社会动乱，普遍的不满情绪，潜在的战争威胁……有人认为，这些危机，再过二三十年也不会消亡，太平盛世可能会离我们越来越远。爸爸却不希望未来是这样，如果有更多的人参与到阅读的行列中来，人类完全可以从书籍中找到解决问题的和平方式。

新年之际，让我们共同祈愿风调雨顺、国泰民安！

祝你好运！

爱你的爸爸

2016 年 1 月 1 日于家中

第八封信
旅行的意义

亲爱的女儿：

你好！

又是一个温馨的周末。之所以温馨，是因为爸爸又可以给你写信了。给你写信，是爸爸最快乐的时光。

今天，爸爸跟你谈谈关于旅行的话题。自你记事开始，爸爸妈妈已经带着你去过很多地方了，比如日本、瑞士、泰国、柬埔寨、英国等国家，也去过湖北、云南、江西、贵州等国内省市。旅行最大的意义，在于我们可以离开自己熟悉的环境，去看看别人是怎么生活的。这个世界之所以美好，是因为这个世界是多样性的：民族的多样性、文化的多样性、地理环境的多样性、生物的多样性、气候的多样性……比如，我们去柬埔寨时，当地的导游告诉我们，在柬埔寨，是没有春、夏、秋、冬四季的，而只有雨季和旱季，如果不离开那里的话，人们一辈子都看不到雪花飘飘的景象；而在昆明，我们可以看到石林，那是典型的喀斯特地貌，在地球上的大部分地方，我们都看不到如此光怪陆离的石头组成的奇妙"森林"；在贵州，我们可以看到苗家的山寨，和他们独特的乐器——芦笙；在英国，我们可以在博物馆里看到工业革命时期古老的机器，还有大英博物馆里来自全球各地的展品，比如埃及的木乃伊等；在瑞士，我们可以看到气势恢宏、富丽堂皇的教堂，以及人们在教堂里唱赞美诗的神圣场景……

今天爸爸就带你回忆回忆我们 2010 年的瑞士奇妙之旅吧。

2010 年 8 月 26 日到 9 月 3 日，你和妈妈随爸爸跟团，游览了瑞士。

我们于 26 日晚上 10 点 30 分从香港起飞，经过长途飞行，于当地时间早晨 6 点 10 分到达苏黎世，随即驱车前往伯尔尼（Bern），参观了极具特色的古城——爱因斯坦曾经在这里居住了 7 年，著名的《相对论》就诞生于此；

8 月 28 日经洛桑抵达日内瓦，参观了位于洛桑的国际奥委会总部、位于日内瓦的联合国欧洲总部和世界贸易组织总部等；

8 月 29 日，抵达并参观了采尔马特小镇等；

8 月 30 日，我们抵达并参观了深圳人极为熟悉的因特拉肯市（Interlaken）；

8 月 31 日，参观了海拔达到四千多米的少女峰；

9 月 1 日，到达琉森，下午经沙夫豪森莱茵河大瀑布，回到最初的起点、著名的国际金融中心苏黎世，次日到瑞银集团（UBS）进行了长达六个小时的访问。

9月3日，回到了深圳。

虽说我们将此次的旅行定性为深度考察，整个行程都在瑞士，但事实上也还只是走马观花，不过印象已经极为深刻。瑞士是大家极为熟悉的国度，但我们对瑞士的印象大多停留在瑞士是中立国，因此避免了两次世界大战的荼毒；瑞士的银行实行严格的客户信息保密制度，全球的各类存款蜂拥而入；瑞士的钟表业极为发达；瑞士人民富裕，安居乐业……经过深入的考察，我们还得出了更多超出了上述想象的深刻印象。

（一）

瑞士给我们的第一印象是山多且高，地势陡峭、险峻。

上帝给瑞士的自然环境应该说是极为恶劣的。比如日内瓦、琉森、因特拉肯等地区，无不是处于群山环抱之中，类似于中国的云南丽江，四周是陡峭的山脉，中间有那么一块一眼就能望到尽头的盆地。事实上，整个瑞士都处在阿尔卑斯山脉之中。爸爸最大的感慨是，瑞士人的祖先们的生活应该是非常艰苦的，在现代文明出现之前，在四通八达的盘山公路、铁路修通之前，他们的出行肯定是无比的艰难。当我们离开日内瓦这片不是太大的、从经济社会来说应该是比较富饶的地区前往采尔马特、因特拉肯时，我们才真正进入了占瑞士国土面积 80% 以上的山地地区。然而，人类社会的发展似乎并未全部被纳入所谓的"地理决定论"的范畴里，比如，在自然经济条件下，缺少矿产资源和良好自然环境的瑞士，却激发了瑞士人民极大的创新能力，因为，对于瑞士人来说，除了靠智力来摆脱困境之外，似乎别无他途了。所以，在与大自然抗争的过程中，瑞士人民的祖先却在钟表行业"杀出一条血路"，创造了宝珀、劳力士、欧米茄、梅花等一批享誉世界的钟表品牌，为瑞士赚得了巨大财富。

这使爸爸想起了中国的一句古语：生于忧患，死于安乐。经济发展得最好的地区，往往不是自然环境绝佳的地方。在中国，比如温州、潮汕，自然环境较差，但却是盛产创业者、企业家的地方。当然了，自然环境差的地方，更多的，还是与贫穷相伴，关键是，生于此的人，是否能自强不息。

瑞士人的智慧，还体现在两次世界大战中得以保持中立的身份，避免了战火的洗礼。爸爸一直对与德国山水相连的瑞士能避免纳粹的进攻这件事，抱有极强的好奇心，在许多史料中寻觅瑞士能在大战中独善其身的原因，结果当然是众说纷纭。此次瑞士之行，爸爸似乎找到了部分答案——也许是瑞士的崇山峻岭，一定程度上成为阻挡纳粹进攻瑞士的天然屏障。给我们做司机的是一位 65 岁的老者，他对那段历史有所记忆，当时，瑞士组织了数十万的军队在德瑞边境布防，说明瑞士对自己是否在中立中能躲过战火存在疑虑。好在瑞士人无形的智慧和有形的高山，使瑞士成为那个烽火时代为数不多的世外桃源。更加令人对瑞士人民刮目的是，瑞士的银行业也因其中立的态度和对客户信息绝对保密的制度，使之成为大战期间各国富商政客财富的储存地，并因此而奠定了苏黎世国际金融中心的地位；而且，即使在和平时期，每年都有巨额的资金存入瑞士的银行，从而给瑞士带来了滚滚财富，是瑞士最大的、最持续的财富来源。如果说，二战成就了靠卖军火起家的美国，它同时也成就了靠吸引资金繁荣起来的瑞士。对于善于把握机会的民族来说，危机，往往是其崛起的机会。

在整个瑞士的考察行程里，我们深深地被瑞士的美景所吸引。上帝关上一扇门，同时也会打开一扇窗。所谓的关上一扇门，是指在更长期的历史上，在自然经济条件下，瑞士人民的祖先们所赖以生存繁衍的那片山多地少的土地，可谓"地无三尺平"；而上帝为瑞士打开的窗，则是瑞士所处的阿尔卑斯山脉的区域，是欧洲的"脊梁"。因此，一年四季，瑞士的很多山峰均为白雪覆盖，景色美不胜收，宛如童话。同时，有雪，就必有水——雪为凝固的水库，水为流动的音乐，湖为碧绿的翡翠。无一例外，我们到达的每一座城市或小镇，无一不被碧波荡漾的湖面所依傍、所环绕，图恩湖、布里恩茨湖……更令人羡慕的是因特拉肯，就因位于两个湖泊之间而得名，成为举世闻名的旅游城市。值得庆幸的是，瑞士几百年来无大的战乱，加上他们极强的环境保护意识，也没有因为少地而填湖造田，使得瑞士的山水完整地保持了上帝创造它时的原始风貌，更使得它在交通逐步发达的近现代，成为全球著名的旅游胜地、度假胜地，每年都吸引了数以千万计的游客来到瑞士。旅游，自然成了瑞士最大的支柱产业之一，而且是无烟的、低碳的。不过，瑞士旅游业的开发非常不容易，据了解，著名的少女峰滑雪胜地的齿轮火车路轨，是瑞士一大家族花了数十年时间，在崇山峻岭间艰苦地开发出来的，其难度，绝不亚于我们当年修建的成昆铁路！

　　瑞士整个国土面积不过41285平方公里，人口不过800来万，与中国这个泱泱大国相比，真可谓小国寡民。但是，"山不在高，有仙则名"，正是这个小小的袖珍国家，在每年的《福布斯》全球竞争力排名中，它居然经常位列最具竞争力的第一位！这个，爸爸是相信的，从瑞士人与自然、人与人、人与社会的和谐相处中，我们看到了这个国家巨大的发展潜力和吸引力。通过世世代代的"精耕细作"，这个国家的几乎每一寸土地都被勤劳智慧的瑞士人安排得妥妥当当——合理的交通布局，可以利用的每一片山坡都被开发成为果园或牧场，茂密的植被……所有这些自然的景观，与点缀其间的欧式小楼和隐约可见的古城堡交相辉映，和谐而美妙！我们去的季节正是瑞士瓜果飘香的日子，葡萄、苹果等水果到处可见，如画般的牧场上奶牛在悠闲地吃草。人们似乎很难想见，在那片似乎最不适宜种植的山地上，农业和畜牧业，居然也被瑞士人经营得生机盎然，包括酿酒业、制药业，一并成为瑞士的另一些支柱产业。

从因特拉肯到琉森的黄金火车快线，是我们此次旅行最愉快的旅程。这段旅程几乎浓缩了瑞士最典型、最和谐与最优美的风景：白雪覆盖的高山、与山水相映成趣的建筑、蓝宝石般的湖泊、湖泊里嬉戏的野鸭和天鹅、湛蓝湛蓝的天空……爸爸多么希望这段旅程是无限延伸的……

瑞士与德国交界的莱茵河大瀑布，气势恢宏，堪比我们的黄河壶口瀑布，给我们留下了极大的心灵震撼！只不过，莱茵河大瀑布清澈如玉，巨大的轰鸣声中卷起的是千堆白雪；而我们的壶口瀑布则是浊浪滔天，凝聚的是我们这个民族厚重与苦难的历史。

瑞士人民创造的这一切，给爸爸一个深刻的启发：我命在我不在天！

（二）

旅途是愉快的，交流也是愉快的。

我们旅行团一行多人，大家均来自不同的家庭，在整个瑞士的行程中，组成了一个临时的大家庭。团友之间的交流也是旅行的重要组成部分。

此次考察，周阿姨带了自己的父亲，汪叔叔则带了自己的父母出游，两位团友对自己父辈的孝顺，真令爸爸对他们产生了由衷的敬重。在整个旅途中，我们家和周阿姨家坐在前后排，爸爸目睹了周阿姨对她老父亲无微不至的关怀和照顾——她不断地适时提醒自己的父亲要多喝水，每到一个地方都要为老父亲买水果，吃饭时不停地为老父亲夹菜，还为老父亲买了一块精致的瑞士手表！可以想见，周阿姨的父亲是多么幸福和陶醉。70多岁的老人家了，整个行程里都兴致勃勃，常常能看到老人家发自内心的笑容！爸爸跟周阿姨和她老父亲开玩笑说，爸爸妈妈年老后，你要是能像她一样对待我和妈妈，我们真是知足了！

当然了，最快乐的，当属团队里的两个小朋友了——柯阿姨的宝贝儿子点点和你。你们两个小朋友都是四岁左右，从旅行一开始，你们俩就成了形影不离的好朋友，手拉手地开心玩耍，无忧无虑、天真可爱。旅行的第二天，你对点点的称谓，已经由"点点哥哥"变为"点哥"了。大人们都说，你很有"江湖气"。

不过，你们两个小朋友的关系有如瑞士多变的天气，刚才还玩得很愉快，但一转眼又开始"闹别扭"，给大人们增添了很多乐趣。不过，爸爸还是很欣赏点点，小男孩很绅士，总是让着你。因为你们两个小朋友的缘故，爸爸和点点爸爸交流得很充分，成了好朋友。

这次考察和旅行，爸爸还发现了你的两个特点。一是你对建筑的浓厚兴趣，二是你的社交能力。你对自然风景不是很有兴趣，每到一个景点，你只喜欢喂天鹅和野鸭，但是在参观石庸城堡和琉森的双塔大教堂时，不到四岁的你总是会围绕这两座古代建筑问好多问题：这个城堡是谁修建的啊？修建了做什么用的啊？他们为什么要把城堡用来关犯人啊？人们为什么要把一个人关起来啊？教堂是用来做什么的？为什么我们中国没有这样的教堂呢……好多问题，似乎都已经超出了你这个年龄该了解的范畴了。社交方面，你除了喜欢和"点哥"玩外，还与团里的很多叔叔阿姨交了朋友：今天是曹姐姐的小跟班，明天是杜叔叔的摄影小模特，后天又和陈叔叔夫妻玩得不亦乐乎……大家都开玩笑，说你是营销天才，长大后可以做企业家。

（三）

爸爸还专门带你和妈妈去访问位于苏黎世的 UBS——瑞银集团。

在爸爸的印象中，国际金融中心应该位于像纽约、东京、香港、深圳等这样高楼林立、人口众多的国际化大都市。苏黎世颠覆了爸爸的这个固有观念。如果不是对 UBS 的考察，苏黎世可能会让爸爸失望，要说它是全球举足轻重的金融中心，这座城市外在的形象实在有点不像：狭窄的街道、古老的建筑、区区 40 多万的城市人口……就是著名的班霍夫大街，从起点到终点也不过十来分钟就可以走完了。但是，当我们从 UBS 了解到，其管理的全球资产规模，就已经超过了六万亿美元之后，爸爸内心的震撼是巨大的。

正如近代一位著名的学者说过，大学之所以成为大学，不在于它有多少气派的建筑，而在于其是否拥有大师级的教授，苏黎世以自己的含蓄、古典（这一点爸爸很喜欢）和中庸，树立了其在全球金融领域的霸主地位，虽然，它的成功具有不可复制性。

苏黎世也有一个很大的湖，"湖"纳百川的气势，在这里得到了充分体现。

UBS 对我们的到来，给予了高度重视。接待我们的 UBS 团队，应该说是很"豪华"的：在担任瑞士投资银行总部 CEO（CEO of Switzerland Investment Bank）Matthias Fisch 先生的带领下，包括资产管理、客户关系、交易部等部门的负责人共六位中高层人士全程参加了对我们一行的接待工作。在对方的精心安排下，我们的考察分三个部分：对方各部门通过 PPT 演示，对 UBS 总体情况、资产管理业务、投资银行业务、客户关系管理业务等进行全方位介绍；参观对方交易大厅；商务午餐的正式宴请。

瑞银集团的快速发展，给爸爸留下了深刻印象。在爸爸的想象中，在最富裕、社会保障体系最健全的国家里，UBS 应该是一家保守的机构。没想到的是，通过对方的介绍，UBS 呈现给爸爸的是积极进取、朝气蓬勃、业务稳健的面貌。针对全球经济、金融发展态势，UBS 近 10 年来不断地通过并购的方式，在伦敦、巴黎、法兰克福、纽约、东京、新加坡、香港等地实施了一系列成功的并购，尤其是在 2008 年的金融危机期间，UBS 借助危机造成的资产价格大幅下跌的机会，加大了并购的步伐。数据显示，10 余年来，其资产管理规模由当初的两万亿美元，迅速增长到了目前的六万亿美元，资产规模实现了快速的、几何级数的增长，构建了其富可敌国的庞大金融帝国；UBS 的全球员工人数，也由当初的两万左右，迅速增加到六万有余。对方介绍，他们近年开始密切关注和参与对新兴市场的渗透，在巴西、俄罗斯、印度和中国的并购业务发展很快。比如在对中国的相关机构的并购中，他们以香港为桥头堡，成功收购了北京证券并更名为瑞银证券，并购了位于深圳的中融基金并更名为国投瑞银基金，在中国内地的投资银行业务开展得有声有色。

到宾馆迎接我们的 Michael Sweeny 先生——一位幽默的、总是面带微笑的，还给自己起了个中国名字（施永利）的职业经理人，就曾经在香港工作过数年，并参与了对中国内地相关并购业务的开展。值得学习的是，对方在全球的几乎每一次并购都极为成功，主要的经验是，他们非常重视并购方与自身企业文化的契合，在充分尊重并购方文化的基础上，逐渐将 UBS 的文化嫁接到并购方，大胆沿用并购方的管理人才。中国内地当然是 UBS 极为重视的新兴市场，据介绍，目前，具有中国背景的职员，在整个 UBS 的人员构成中，已经超过了 6% 的比例，据说随着他们在中国内地业务的深入开展，这一比例还将得到进一步的提高。

爸爸不得不叹服 UBS 的扩张能力，其利用市场化的、公平的手段，构建了一个管理规模达到天文数字的金融帝国，这个金融帝国为瑞士创造的财富，堪比当年的日不落帝国——大英帝国的水平，而 UBS 的母国瑞士，人口不过 800 来万！一座城市，仅仅拥有 UBS 这样一家金融机构，就完全可以树立其国际金融中心的地位了，何况，苏黎世还拥有其他众多的金融机构呢。

客户关系管理是爸爸最为关心的问题。UBS 的客户关系管理总监（Executive Director, Client Relationships）Mattias Oppikofer 先生在交流其客户拓展的经验时，最让爸爸羡慕的是，很多客户，包括机构和个人，许多是主动将资金交由 UBS 打理，而他们的主要工作是，利用包括 CRM 系统等先进的方式，与客户进行沟通和交流。当然，他们也进行主动的客户拓展工作，给爸爸留下深刻印象的是，他们会将客户进行分类，比如，他们将女性客户作为一个重要的客户群体来加以拓展和服务。他们认为，在欧洲等地区，许多女性是家庭主妇，有空闲也有钱，开展对该类客户的有针对性的服务和营销，为 UBS 带来了大量资金来源。

对 UBS 交易大厅的参观，则给我们带来了强烈的视觉冲击。交易大厅——仅仅只是位于瑞士的交易大厅，整个面积有数千平方米；除此之外，UBS 还在纽约等金融中心，拥有类似的交易中心。他们的交易大厅是中空的，有花园，屋顶是玻璃的，瑞士温柔的阳光可以直接照射到大厅的许多角落，大厅的墙上张贴着全球各大金融中心的标志性地点——美国的华尔街、伦敦的金融城、巴黎的埃菲尔铁塔、香港的中环、上海的东方明珠电视塔……

交易大厅内悬挂各主要国家的国旗。每位交易员的桌子及上方，都挂了十多部显示屏，显示屏上不断滚动着来自全球的资本市场、货币市场交易信息。这个交易大厅，就是一个面向全球主要资本市场的指挥中心、交易指令下达中心，在键盘清脆的嗒嗒声中，全天候地对世界的每个角落产生着无形而巨大的影响。据介绍，这个交易大厅分为外汇交易区（占了大部分）、债券交易区、权益资产交易区等。午宴是在轻松友好的气氛中进行的。

坐在爸爸身边的是负责权益类资产管理（Equity asset management）的 Thomas Frauenlob，这是一位留着大胡子的先生。当爸爸听说他是学历史的时候，爸爸感叹他专业跨度之大，他笑言，历史对于投资是很有帮助的，比如，巴菲特的经历，就是一部关于投资的历史；而且，他认为，对历史的把握，有助于现实的投资，因为，历史的知识有助于对未来更准确地把握——投资，不正是基于对未来的判断和把握吗？爸爸跟他开玩笑说，他是否有管理很多"Grey Money"（灰色的钱），他巧妙地回答说，那也是一种历史！爸爸跟他说，中国近30年来每天都在变化，而瑞士则是很少变化的。他说，瑞士的外表的确百年来都是老样子，但作为金融从业者，他们的知识与行为却必须与时俱进。他表示很遗憾没去过亚洲，尤其是中国内地和香港。爸爸向他介绍了深圳，以及深圳与香港合作的前海深港现代服务业合作区，一个即将建成的曼哈顿，告诉他深圳也是很有潜力成为全球金融中心的。他很憧憬地说，希望有机会到深圳、香港工作。

UBS对我们的接待，有两个细节很值得我们学习。其一，对方把我们每一位访客和他们自己的名字都做了一个不干胶的小名片牌，贴在各自的胸前，而且我们的名字还特地标有中文；其二，午宴结束后，对方还赠送了我们每位团友精美的小礼品：一本别致的瑞士风景画册和一盒代表和谐与友谊的巧克力，每份礼品都有精心的包装，而且都贴上了我们的名字。午宴结束后，对方一行一直把我们送到大门口。Thomas Frauenlob还与爸爸紧紧地握手道别。

瑞士的行程很快就结束了。一直为我们开车的是一位65岁的精神矍铄的、瑞士德语区的老人。整个行程里，他总是那么尽职地为我们搬运行李，微笑着迎送我们上下车。他无子，领养了一个小孩。可以看得出，作为一名普通的劳动者，他的劳动在瑞士也是很有尊严的。他很快就要退休了，退休后，他想和他的老伴到全球多地旅行，包括到古老而又年轻的中国。我们都很喜欢他。在机场道别时，你特地要爸爸抱你去亲亲这位可爱的老人。那一刻，爸爸的眼睛湿润了。

亲爱的女儿，你还记得 5 年多前的瑞士之行吗？旅行是否是一件极为有意义的事情？你还很小，很多事还不懂。比如，发达国家的乡村，是如此的美丽，无论是日本还是瑞士，更不要说英国了，他们的乡村，建筑几乎都是别墅，道路全都是幽静的柏油路，植被茂密，到处都散发着浓厚的文化气息。爸爸印象最深的是，瑞士乡村里的每家人的窗台上，都摆满了盛开的鲜花；而英国的乡村，大多是庄园式的，挺拔的大树几个人合抱都围不过来，溪水潺潺，恍如仙境，人们生活得如此宁静与悠然，如此有尊严。与他们相比，中国有些乡村显得太过落后，很多人还挣扎在温饱线上。如果哪一天，我们的乡村也像日本、英国乃至瑞士的乡村那么富裕与美丽，那么，中国才真正可以说自己富裕、强大了……

祝你好运！

爱你的爸爸

2016 年 1 月 2 日于家中

第九封信
手足情深似海

亲爱的女儿：

你好！

爸爸今天继续跟你讲一个故事，是关于爸爸的奶奶和她的两位哥哥的故事。你是家里的姐姐，你有两个双胞胎弟弟，你们比独生子女会幸福很多。爸爸希望你和弟弟们要学习我们家老一辈手足情深的优秀传统，相亲相爱一辈子。世界上，最亲的就是手足情；最浓的，也是手足情。

爸爸以第一人称来讲述今天的故事吧。

里仁街

里仁街是县城的一条街道。明清时，就有这条街道了。

这的确是一条古老的街道。在我的记忆中，里仁街永远是老样子——宽不过五米，两边都是吊脚的木楼，刻有雕花的窗户是用一根木条支撑和去掉木条收回去的那种。

经常可以看到，楼两边的男人或者女人，各自站在自己家的楼上，互相聊天。不过，逢街天不行，因为赶街的人太多，摩肩接踵的，就是喊，你也听不见。路面是石板铺的。人们已经记不起来，那石板已经铺了多少代了，因为，那些圆圆的石板已经被穿清（朝）装的、梳辫子的、挑柴禾的、着中山装或是西服的，用草鞋、布鞋、皮鞋甚至是光脚板，磨得溜光溜光的了。

这里曾经是柴禾街。据奶奶讲，与里仁街南边垂直交叉的那一条街，连个像样的名字都没有，只被叫做马草街，因为那里曾经是乡下人卖马草的集市。里仁街似乎是幸运的，它没有被唤作柴禾街。据说，是因为这条街曾经出过一位大人物，沾了大人物的光，里仁街就有了现在这个雅致的名字。后来，里仁街变成了古董街，老头老太们每人一个木头箱子，黑黑的，有的还是雕花的，里面隔成许多小方格，放满了各式古玩，诸如古玉、玛瑙、古钱等等。他们卖得最多的，是古钱，圆的、方的，有孔的、没孔的，方孔的、圆孔的……哪个朝代的都有，真不知他们是从哪里弄来的。在高原柔和温暖的阳光下，他们一坐就是一天。直到斜阳西下、炊烟四起之时，卖古董的老人们才慢悠悠地拾掇好他们的古董，拖着印在溜光溜光的石板上的长长的身影，回家去了。

除了古董，里仁街还卖生活用品，过日子都必须有的那一类东西：撮箕、扫帚、箩筐、筛子、簸箕、木桶、甑子、菜刀、案板、铁锅、铲子……当然，依然还有柴禾。
卖柴禾的，通常是山里人。

人们不用看他们卖什么，一看他们的肤色和衣着谈吐，
就知道他们是山里人了。人们经常还能看到，单独卖柴禾
的山里小孩，七八岁样子，男的或是女的，怯生生地站在
柴禾的背后，等待着他们的买主。不过，人们通常还是很
友善的，不会欺负山里人，尤其是山里的小孩。这里的民
风曾经还是非常淳朴的。经常会听到这样的美谈——说某
某老工人，故意多付一些钱，五毛或是八毛，为的是帮衬
帮衬那些穷苦的山里人。

还有写字先生，专门为那些不会写字的人们写信。记
忆中有一位戴眼镜的、瘦高个的先生，很有学问的样子。
他坐在标有"写信"招牌的桌子背后，看上去养尊处优。
他用的是毛笔，写一手很漂亮的小楷。生意一直不错。要
写信的人们来了都得尊称他为先生，毕恭毕敬的。写信人
先听顾客说信的内容，然后便写，很快。写完后，念给顾
客听，看是否还有补充的；如果没有，就写好信封，收钱。
大抵是三五毛钱写一封。他写个三五封信，小半个早上的
样子，就快能买一担山里人的柴禾了。人们经常能听到山
里人的父亲或是母亲，悄悄地对自己的孩子说，要好好学
习，长大了，也来做写信先生。

中医应该是这条街最受人尊重的行当了，不大的街上
有两三家中医店。

坐堂的，都是胡须飘飘的老者。他们为人都很好，说话和和气气的。据说，有一个乞丐，还是个跛足的，经常到一位老中医店里去乞讨。老中医看他可怜，就教给他一招治羊痫风的本领，跛足乞丐从此也就有了谋生的手段了。老中医呢？从此也就不再看羊痫风的病了。病人们都只好去找跛足乞丐去。也怪，跛足乞丐一看就好。但他只会看羊痫风一种病。这个故事，一直被作为美谈，流传在里仁街。

奶奶就生在里仁街。奶奶是 16 岁下嫁到我们家的。在出嫁之前，奶奶每天都要到街上嬉戏玩耍，用她那双被裹得小小的脚。因为奶奶的父亲是位德高望重的教书先生，叫周丕吉，被尊称为周先生，所以，街坊们都亲切地将奶奶唤做小师妹。有一次，奶奶都 80 多岁了，在里仁街遇到一位童年的伙伴，也是快 90 岁的老人，那位老人还叫奶奶"小师妹"，把奶奶逗得可乐了，仿佛又回到了童年。乐归乐，乐完之后，奶奶怅怅的，看着远处的青山，久久地呆在那里。奶奶给我讲这件事时，我也听到奶奶在笑；笑完之后，我分明看到了奶奶眼里流出的泪。

周先生上课时，喜欢带上奶奶。过去，女人家是不准去上学的。女子无才便是德，奶奶的母亲经常这么说。本来，周先生是想让奶奶也去上学的，后来扭不过奶奶的母亲，也就罢了。奶奶只能在课堂外玩。但奶奶还是喜欢听自己的父亲讲课，偷偷地趴在窗口；周先生看到了，对奶奶笑一笑，做个鬼脸，便装作没看到，继续上他的课。奶奶于是学会了许多东西，有时甚至比课堂里那些顽皮的男孩还学得快。奶奶 100 岁时，还能完整地背《三字经》《百家姓》之类的，一字不差。可惜，奶奶不会写字。

奶奶和她的哥哥们

奶奶有两位哥哥，大哥兆雄、二哥兆凤。

奶奶很少主动说起兆雄。每次说到兆雄，奶奶都会很伤心，一次都不会例外。

很多年前，大哥兆雄是一位有为的青年，毕业于云南讲武学堂，与朱德认识。大哥兆雄很少回家。有一回，二哥兆凤到昆明城去卖东西，就在大街上看到了大哥兆雄。那是兵荒马乱的年月。二哥兆凤看到大哥兆雄骑着高头大马，身后跟着一队同样骑马的士兵。兆凤就叫："大哥，大哥！"兆雄跳下马，将弟弟拉到一边，问了弟弟住的客栈后，说晚上来看弟弟，就匆匆骑马走了。很晚了，兆雄才来到客栈，身边还跟有两个士兵，都荷枪实弹的。在昏暗的煤油灯下，兄弟俩久久地执手相看。兆凤说："哥，把我带出来吧，我也要当兵。"兆雄说："好兄弟，别，千万别，还是回家好好伺候父母吧。这年头，当兵的人，脑袋时时都别在裤腰带上，中午你看到我时，我们还在追赶几个人，都带着枪，子弹呼呼从我头上飞。"大哥问了些家中的事，大抵是父母的健康之类的，后给二哥留下几块大洋，就消失在昆明夜色笼罩的大街上了。当时，兆凤怎么也没想到，几年后，兆雄真的就被弹片击中，再也没有回到生他养他的里仁街了。奶奶说，兆雄是被日本人的炮弹炸死的。不过这已经是后话了。

兆雄殉国前，大约是之前一年，回过一次里仁街的家。住了三天。本来是想多住几天的。第三天中午，大哥兆雄对奶奶说："小妹，哥特喜欢吃你做的麦面粑粑，给哥做一些吃的吧。"奶奶说好，就去准备麦面，说是第二天做。不想，那天夜里三更天，门被敲得咚咚响，一家人起床来，打开门，是兆雄的战友。来人说，要兆雄马上跟他归队。一家人急忙穿戴好，送兆雄出门。是夜，月明星稀，月光将里仁街照得亮亮的，房屋排得像整整齐齐的水墨画。光溜溜的石板上，印着月光的影子，很凄清的样子。里仁街上很静，只有奶奶一家人踢踏踢踏地踩在石板上的脚步声。奶奶说，那天的夜有些冷。一直送到东门口，大哥兆雄回过头来，跪下，给父母磕了三个响头后，起来，对弟弟兆凤说："照顾好父母和小妹，以后，小妹出嫁了，年节就靠弟弟去接了。"说完，大哥兆雄特意笑着对奶奶说："小妹，你还欠大哥一顿麦面粑粑呢。"

看着兆雄消失在月色凄清的茫茫田野间，一家人久久站在东门口。二哥兆凤听到了奶奶低低的抽泣声，就用手拉了奶奶，随其他人回去了。

奶奶后来就再也没有见到过大哥兆雄。大哥兆雄最后没吃到麦面粑粑，也就成了奶奶终身的遗憾。

手足情深

很多年前的一个有着暖暖阳光的冬日的早上，里仁街上锣鼓震天、喜气洋洋。里仁街已经不知见到过多少这样的场面了。

那一天，奶奶出嫁了。丈夫是我的爷爷。

奶奶和二哥兆凤都在那个大喜的日子里，不约而同地想到了大哥兆雄。但他们谁都没说出来。二哥兆凤对奶奶说："以后，逢端午、中秋、冬至和大年，哥都来接你回家。"奶奶一听，就哭出了声。她想到了那个月明星稀的夜晚，凄清的月光下，大哥兆雄对兆凤的叮嘱。那一刻，奶奶似乎才悟到，大哥兆雄那天夜里已经做好了不再回来的准备了。

日子便在平淡中一天天过去了。二哥兆凤，也就是我父亲的舅舅、我的舅老爹，数十年来，风雨无阻地，每年四五次地，逢年过节，必来我们家接我的奶奶回娘家。奶奶他们的父母相继去世后，舅老爹依然如是。20世纪70年代以后，我来到了这个世界。慢慢地，我记事了，也清晰地记住了我那慈祥的舅老爹。好像舅老爹从一开始，就是那个样子——花白的头发、八字小胡须、满脸的皱纹、有些佝偻的腰身。舅老爹说话不紧不慢，对我尤其好。从记事那天起，我就盼望着过年过节，因为，舅老爹一准会来，而且肯定是在节后、年后第二天的中午。这样的日子，我就会等在奶奶的住处；有时候，如果舅老爹还不来，奶奶就会拉着我，到舅老爹到来的路边去等。每次来，舅老爹定会带着许多好吃的东西——香肠、腊肉、糕点、饵块、水果这类的，或多或少，总会有的。一个小小的竹篮，用报纸盖着。从里仁街到我们家，五六里的路程。来来回回，舅老爹不知走了多少回。

我后来还发现了奶奶和舅老爹之间的一个小秘密：凡过年时，舅老爹肯定会给奶奶一个红包，里面是舅老爹给奶奶的压岁钱。不是很多，但总有那么一些。我是在他们兄妹俩的一次"争吵"中，无意间听到这个小秘密的。那似乎是我在上中学时的一个大年初一的下午，奶奶对舅老爹说："我都80多岁了，你还给我压岁钱，你自己也已经没有收入了。"舅老爹说："钱又不多，是个意思，别让儿孙们听到了。"奶奶也就不再说什么了。

奶奶不是每次都随舅老爹回里仁街。因为，奶奶已经有了自己的一大家子人，经常走不开。不过，回里仁街的次数还是不少，有时是我拼着让奶奶带我一块儿去的。两位已经七八十岁的老人，一对走过了多少年风风雨雨的兄妹，经常会互相搀扶着，走在里仁街那光溜溜的石板路上，斜阳拖长了他们的身影。里仁街还是里仁街，可他们已经不是多年前，那对嬉戏于街道上的孩子了。

有一年春节，那时我已经上了大学，回到家中。照例是大年初一，照例是看到奶奶在等。可是，最终奶奶没等来舅老爹的身影。其时，奶奶已经88岁高龄了，舅老爹更是90余岁。我们知道，舅老爹已经没法走完那隔在里仁街和我们家之间的五六里路了。是我带奶奶去看的舅老爹。那天黄昏，里仁街已经逐渐恢复了白天的宁静，但旧历的新年毕竟是新年，里仁街的空气里依然笼罩着新年的气氛，就像数百年来每一个旧历的春节一样。远远地，我们看到舅老爹一个人静静地坐在门口的石阶上，屋里的灯光从背后照射在舅老爹的身上，仿佛一座静止的石像。不远处的里仁茶馆里，传来二胡伴奏下的《十五贯》那如泣如诉的唱腔。那是两位老人都特别喜欢的戏目。那是他们曾经从小到大、到老，不止一次相约到戏院去看过的戏。

看到我们来了，舅老爹缓缓地站起来。他已经明显地迟钝了，几乎花了三分钟的时间，才认出我来。他对奶奶说，以后，他就走不动去接她回娘家了。那天，兄妹俩坐在客厅里，也没说什么，直到深夜。

第二年秋天，舅老爹告别了他生活了93年的里仁街，走了。

奶奶后来也去世了，享年101岁。

那年春节，我去过里仁街。里仁街有些变了样。卖古董的依旧还在。只是，那位替人写信的先生，已经不见了。或许，他早就已经走了。

亲爱的女儿，爸爸今天的故事讲完了，好听吗？你和弟弟们会像爸爸的奶奶和她的哥哥一样，携手共度美好的人生吗？

祝你好运！

爱你的爸爸

2016 年 1 月 3 日下午

第十封信
常怀诗意与远方

亲爱的女儿：

你好！

由古至今，通过写信来教儿育女、与子女沟通的，也不乏其人。

最著名的，要数曾国藩了。他的《曾国藩家书》，已经成为经典。其他的，还有《傅雷家书》等等，都十分有名。每封给自己儿女的信，都有其时代的背景，都会深深地刻下不同时代的烙印。爸爸没有奢望过给你的信，能够成为我们这个时代的经典。不过，爸爸却希望，等你阅读到出版了的名为《愿你慢慢长大：爸爸写给女儿的二十封信》的书时，它能够成为爸爸给你的成长礼物；爸爸同时希望，爸爸倾注了全身心血的信，能够成为陪伴你成长的人生指南，帮助你成为一名阳光快乐的人，成为一名身与心都积极健康的人，成为一名有担当敢负责的、对社会有用的人，成为一名有尊严的生活者，成为一名有爱心、善良、正直的使者，成为一位称职而成功的母亲……

爸爸今天要通过爸爸写的两篇散文，和你今天的一篇习作，跟你讨论一个关于诗意与远方的问题。跟爸爸给你的上一封信一样，下面采取的都是第一人称的写法。

月满心乐

20 世纪 70 年代末的一个中秋节，我的爸爸妈妈受深山里一户人家的邀请，带着年幼的妹妹、弟弟去参加他家长子的婚礼。我和大妹随奶奶在姑妈家过节。堂弟也来凑热闹。当时姑爹在省城工作，带回许多冠生园的月饼，五仁馅的、冰糖馅的、火腿馅的，等等，名目繁多。但都有一个特点，那就是圆，所有月饼都是圆的。在物质奇缺的年代，那是一个富饶而丰盛的夜晚。奶奶还准备了板栗、花生、石榴、梨……但是，所有的东西，都必须等到月圆时分才能吃。一堆孩子，包括表姐、表弟，跑进跑出，低矮的茅草房里，装满了欢笑。终于盼到太阴（奶奶叫月亮为太阴）慢慢升了起来，太阴极圆、极明，月光洒满了小院，照在堆满食物的桌子上，越发显出了美味食物的诱惑，仿佛蒸腾出了月饼迷人的香味，绕梁、扑鼻、诱人、醉心……奶奶开始烧香、磕头，敬祖宗、拜太阳和太阴，我们小孩子则一边跟着大人磕头，一边盯着桌上的美味，心里盼着那烦琐的礼节尽快完毕。总算可以吃了！孩子们欢天喜地地放开肚皮，享受着平日里根本无法吃到的美味，那滋味与天堂无异！吃饱喝足，大家终于安静下来，围坐在奶奶的膝旁，仰望着天空中的皓月。

奶奶的故事开始了，她说，太阴里有棵槐树，槐树下有位捣药的嫦娥，嫦娥是一位非常美丽善良的仙女，她会唱动听的歌谣……伴随奶奶低柔的声音，彩云在追月，微风轻抚，星星隐现，银河浩瀚，孩子们思绪飞扬、浮想联翩，她所讲述的一切，竟也活灵活现，近乎电影般出现在我们的眼前，如此美好、如此斑斓，如梦如幻、亦幻亦真，连家里的那条黑狗，也默默地卧躺在奶奶的身旁，似乎也进入了故事里那诗一般的意境。

多么难忘的一个月圆之夜啊！

多年之后，我读到了《论语》里的一句话："一箪食，一瓢饮，在陋巷。人不堪其忧，回也不改其乐。"这时，我才明白，原来快乐是件简单的事情。孔子的弟子颜回，吃粗粮、住茅屋，别人忧虑，他却快乐。即使是心里实在不快乐，他也一直乐观和怀有希望地活着，少欲无为，身心自在。个体的人，快乐、幸福与否，与物质财富的多寡不成正比。穷人的快乐，简单、朴素，如风摆杨柳、鸟鸣晨林、犬吠村口、孩啼床头，自然而随心。

幸与不幸，本来就是一种感觉，与金碧辉煌、灯红酒绿、奇珍异宝的关系不是太大。

那个月满心乐的中秋，如今看来实在是不值一提，住的是低矮的茅屋，吃的是简单的月饼、瓜果，我们却其乐融融、全心投入、万分享受，除了美味难得以外，与奶奶并非刻意营造的那种庄重、轻松、诗意般的气氛不无关系。

奶奶出身于诗书之家，她父亲是晚清秀才、私塾先生，幼时生活富足而舒适，虽未开蒙读书，但耳濡目染，背得出《三字经》《百家姓》《弟子规》等，连她幼时生活的那条街道，也有一个儒雅的名字：里仁街。她嫁给我爷爷时，我们家有数百亩地，爷爷辈兄弟六人，人丁兴旺，粮堆如山。无奈分家后，爷爷抽上鸦片，输光家产，以赤贫的身份迎来了新中国的诞生，给我们家赢得了一个根正苗红的出身，如此又是因祸得福！

奶奶极为重视后代的教育，两个儿子分别是高中、中师毕业，女儿是乡村教师，在 1950 年代和 1960 年代偏远省份的偏远乡下，那是一个极为辉煌的教育成果，赢得了乡人由衷的尊重。可以说，我们家后来人能从读书中寻得一条出路，主要是得益于奶奶的言传身教。在那个物质极度匮乏的时代，奶奶经常叮嘱我们，即使穿补丁叠补丁的衣服，也要干净、整洁。用她的话说，叫做"怕脏不怕破"。我也从奶奶的身上，获得了寻找快乐、幸福、乐观的朴素之智慧。即使不快乐，也要微笑着面对生活。

后来长大了，我的小妹还对我说起那个中秋节，那个在密林深处的人家，他们度过的那个终生难忘的中秋节。

他们是在中秋前一天晚饭后出发的。从我们家到密林深处的友人家，有十余里山路，和他们同行的，是深山里的村小学的老师兼校长，老师的家靠近我们的家。他们出发后不久，天就开始渐渐黑了，月亮也慢慢升了起来。月明星稀，夜鸟偶鸣，犬吠儿啼，空气清凉，秋高气爽。

小妹越走越累，爸爸哄着她，让她走尽量多的路。实在走不动了，爸爸就背着她走。月亮越升越高，亮如白昼。渐渐晚了，夜越来越深，万籁俱寂，只有大家走路的脚步声，踏踏地响，居然声大如鼓，回荡幽谷。妹妹说，除了脚步声，她还清楚地记得父亲的心跳声，节奏分明，感觉心脏的跳动激荡着她的腹部，如有只小手在敲击着她。她在爸爸背上睡了一觉醒来，看到不远处隐约有人家的样子，房屋如水墨画般坐落在深山野谷里。夜色已深，整个村子，都还未眠，都在等着远道而来的客人。进到村子，人声顿时鼎沸，响彻山谷；欢声笑语，温暖人心。

山村所有人家，都是父亲磨坊的客户。当时，山里尚未通电，碾米磨面都要送到山下来。山里人都养了驴，他们把谷子或玉米、小麦驮在驴子背上。驴子走得快，人走得慢，驴子驮着谷物先来到我们家门口，父亲帮着卸下重物，称重、计价、加工。加工完毕，装好袋，山里人也就差不多到了。歇一歇，抽口烟，喝口茶，付完款，已是傍晚。他们赶着驴子，心满意足地往山里走。有的山里人，会带壶苞谷酒。夜色里回家的路，漫长而寂寞，边走边喝口酒，回到家，已经有些许醉意。卸下米和面，关好驴，借着酒意，沉沉睡去。梦里，或月落乌啼，或春江花月，或风花雪月，或踏歌而舞。山河万里、辽阔银河，是否出现过在山里人香甜的梦里，就不得而知了。但是，那个时代的他们，幸福、满意、知足、喜乐。

就说那个有喜事的中秋吧，他们杀鸡宰鸭、烹羊煮牛，白酒飘香。中秋之夜，篝火熊熊，歌声嘹亮，所有的人，都醉入梦乡。新郎新娘，是深山里那群幸福快乐的人里，最最幸福、快乐的人！

人们都乐了、醉了，都不知道那对新人，是何时悄然离开狂欢的人群，万分激动、万分期待地走入洞房的……

那个中秋的夜晚，还发生了一件意想不到的事。我们在姑妈家过完节，堂弟高兴，偏偏要跟着我和大妹及奶奶同睡。不曾想，睡到半夜，大妹突然想到她分得的那块月饼，摸索着起来看珍藏在书包里、置放在枕头边的月饼。那块月饼，不知怎么地，就被堂弟压扁了，月饼上的油，浸到了她的课本上、作业本上。她竟然大哭起来，边哭边嚷："是谁压扁了我的月饼？是谁压扁了我的月饼？它不圆了！它不圆了……"她的哭声，吵醒了邻居，吵醒了众人，人家送来了多个完好的月饼给她，她才停止哭泣，并在哭泣中逐渐睡去……

第二天一早，我们都去上学去了，奶奶把夜里别人家送来的月饼，一一归还。虽然被拒绝，但奶奶还是坚决把月饼还了回去。在那个年代，月饼，是珍贵的、稀有的食物，每个人家，都是定量供应、在家庭成员间平均分配的。如果妹妹多拿了人家的月饼，就意味着剥夺了别人家享受口福的难得机会……奶奶还月饼的事，一直深深地刻在了我的心里，永志不忘！

后来，十来年前吧，我的姑妈因糖尿病，先于我的奶奶、她的母亲仙逝，享年 70 有余；数年前，我的奶奶也去世了，享年 101 岁。当时，方圆数十里知道的人，都来为她送行，哭声震天、白幡飘飘……去年，我的姑爹因车祸，也离开了人世，享年 80 有余。是他们，构成了我童年那个难忘的中秋之夜。我知道，他们如在天有灵，一定希望我快乐、幸福、乐观地活着……

端午的花街

说到端午，我首先想到的是花。我想绝大部分中国人，说到端午，一定首先会想到粽子，再就是屈原和他的《离骚》。还有就是艾草、蒲剑。江南一带的人，可能联想到的还有雄黄酒。许仙就是因为劝白素贞喝了雄黄酒，让她变回到白蛇的。小时候，因为我看过越剧版的《白蛇传》，所以每到端午，也会特别憧憬杭州的西湖和湖边的断桥。所以，在我的心里，端午还与爱情有关，尽管许仙与白素贞的爱情太过凄美。

把端午和花联系起来，是因为我老家有赶花街的习俗。如果是四川人，肯定会把这种习俗称为"耍花街"。"赶"和"耍"，一字之差，心态就不同了。耍，多了些从容和娱乐的味道；而赶，虽然是去集市上赏花和买花，但也还是带有辛劳的意思。这也难怪，在过去很久远的日子里，在端午节去县城赶花街的人，绝大部分还是脸朝黄土背朝天的农民。他们整日辛劳，皮肤黝黑，双手粗糙，终于有了一个叫做端午的节日可以休息，到县城里去看花，用个"赶"字，也算精准地体现了他们的心态。就是去看花，也是要争分夺秒的。

其实，老家端午的花街，的确也与爱情有关。端午节那天，小伙如果喜欢上了某位姑娘，平日里不好开口，就在端午花街那天，买一盆花送给姑娘，姑娘如果收下了花，那就说明她也喜欢他，如果她不接，那就说明她是不喜欢他的。

爸爸小时候生活的宜良县城，街道两边大多还是瓦房，许多街道，也还是溜光的石板地，比如里仁街。卖花的花农，就把花摆在了瓦房的屋檐下。宜良的花农，主要来自城南的万家凹，而万家凹的万家花园，在当地是鼎鼎有名的。

花街什么花都有：茶花、海棠、杜鹃、牡丹、石榴、凤仙、月季、玫瑰、昙花、桃花、水仙、菊花……最特别的，该属兰花。云南盛产兰花，湿润的深山老林里，是兰花的故乡。所以，如果你在端午的花街上，看到品种多达数十种甚至上百种的兰花，是不必惊奇的。兰花的特点是雅和香，远远地就能闻到，若有若无，细如游丝，但却又沁人心脾，芳香四溢！所以，就可以理解，即使街道上摩肩接踵、人声鼎沸，四里八乡的乡亲，还是愿意走几个小时的路，来赶花街。

对于宜良的人来说，赶花街的确是个盛大的节日，这点从人们的衣着，就可以看出来了，比如靖安哨的彝人，那时候也会着盛装，走过那道弯弯的、盘旋八十八道拐的山路，来赶花街。平日再怎么劳累，端午这天，任你是最勤劳的人，大抵也会让自己放松一天。

还有就是桃子。当然你也可以把桃子看作鲜花，因为这个季节的桃子，已经是熟透了的，鲜红的、粉嫩的，飘着特别的香味，堆放在箩筐里，满满的、漫漫的，比盛开的桃花，说不定还要艳丽和妩媚。还没开口咬到果肉，你的嘴里可能就已经流满了醉人的汁儿了。所以，桃子和桃花一样，总会让人把它们与美好、浪漫、圆月等联系在一起。再就是梨，端午也是它们最丰盛的季节，品种极多。最受欢迎的要数来自呈贡的宝珠梨，个儿都不大，但酸甜搭配，恰到好处，刚好对人的胃口。我不知道昆明呈贡为什么会叫"呈贡"，两个字都是"舍"的意思，而且还是"舍得"那么恭谦。呈贡的斗门，后来成了全球鲜花的重要产地和集散地。来自斗门的玫瑰，每天不知道促成了多少的好事。宜良其实完全可以效仿呈贡的。

野生菌也上市了。青头菌、牛肝菌、干巴菌、鸡枞菌……这些你都知道。大家都没怎么听说的一种菌，叫黄癞头，绝对是珍品。这种菌极少找得到，它的菌伞部的上面，癞癞的，粗糙得很，颜色却如黄金。用云南特有的皱皮辣椒炒了吃，放点大蒜，极香。有多香？我也只是闻到过炒时的香味。它太珍稀了，连我也只是与它有这么点缘分。餐馆里，你可问问，或许能碰到好运气的时候。

我的大舅那时还很年轻。有一年端午，他买了几盆花，其中有一盆昙花。作为一位农民，他的举动被我父亲视为叛逆。花是不能当饭吃的，那是我父亲的理论。不过，终于有一天，昙花要开了。大家莫名地感觉到十分兴奋。晚饭后，都早早地聚到了外公家里，还有很多邻居，也都来了。夜幕降临了，大舅把电灯拉到花坛上，还用红布把灯包起来，大家都围坐在昙花的边上，等着昙花盛开。可是，昙花怎么也不开，大人们仿佛也不着急，我却困极了。我对妈妈说，等花开的时候，一定要把我唤醒。第二天，妈妈告诉我，半夜的时候，昙花开了，她却不忍心叫醒睡得很香的我。为此，我整整失望了半年。

端午又到了。我怀念老家的花……

蒜苗之美

今天，又是一个冬日阳光明媚的午后。我们生活的小区，是那么的宁静与祥和。辛苦工作了一周，我睡了一个美美的午觉，心情非常好。希望、睡眠和笑，是使自己疲惫的人生获得修整的最好的东西——这是欧洲一位叫做康德的哲学家的观点。你会发现，我在给你的信中，也多次提到了中国一位伟大的哲学家孔子的话："一箪食，一瓢饮，在陋巷。人不堪其忧，回也不改其乐。"这些话，说的就是心态的问题——是获得幸福和快乐的大智慧。

人的一生，苦多于甜。这是生活的常态。但是，无论生活多么痛苦和不如意，我们的心里都要留下一片储存诗意与远方的柔软的空间。就像我小时候过的那个难忘的中秋一样，一直是我记忆中最温暖的诗一般的珍宝；也就像我的大舅一样，即使生活是那么艰辛和清贫，但是，他却能在夜幕降临的时候，把电灯拉到花坛上，还用红布把灯包好，请大家都围坐在昙花的边上，等着昙花的盛开——这些，不都是生活中的诗和远方吗？一位农民，他也懂得静候花开，那是一种多么乐观和豁达的心态啊！

你也要有这样的心态，要在夜深人静的时候，打开一本散文集或诗集，读一读那些美好的文字，那么，你的生活，就不只是柴米油盐酱醋茶了，也不只是枯燥和无奈的现实了。这是人生的智慧，而非酸腐文人的无聊之举。美好的文字，就如冬日阳光明媚的午后，充满温暖、柔和、宁静和幸福。

你今天写的日记，我看了。我把你题为《蒜苗之美》的日记抄录如下：

"春日百花齐放，夏日浓浓绿荫；秋日硕果累累，唯冬日寂静无声……

"严冬之时，竟有坚忍者。是谁？松柏？不！是蒜苗！蒜苗傲然立于严冬，经酷冬之严寒，历狂风之摧残。茎直，直至天空；根深，入土三分；有青松之青葱，有梅花之傲骨。

"看！蒜苗岿然不动，屹立不倒。凭借瘦弱身躯，抵御狂风暴雨。

"狂风暴雨来临，刺骨寒风随后。风如兵，雨如剑；狂风如千军万马，暴雨如万箭齐发。蒜苗左摇右晃，倍受摧残。风卷残雪，欲断寸尺之苗；雪冻狂风，欲封青葱之叶。蒜苗顽强不屈，依然屹立。茎仍绿，点缀一片白雪；根仍深，独守一方瘠土……

"我顿悟：外貌之美，如流星火焰，瞬间即逝；内心之美，如青山绿水，永存不衰！貌美只能观赏赞叹，心美俱得品味感悟。"

我认为你写得不错，有乃爸风范。你写的是我们家小院里，阿姨种的蒜苗。不过，我不明白的是：深圳哪来的雪啊？

不过，只要内心期待，纵使深圳无雪，也胜似有雪的——雪之于深圳，实乃"可求不可遇"的美好期待；有如金庸爷爷笔下的武林高手，手中无剑，心中有剑。

这就是诗意与远方。

祝你好运！

爱你的爸爸

2016 年 1 月 6 日午后

第十一封信
温故：爸爸的 1977

亲爱的女儿：

你好！

1977 年是个什么概念？对于爸爸来说，那已经是久远的年份了；对于你来说，就更加久远了，久远得像格林童话里的"从前"。爸爸之所以要带你重温 1977 年，是想跟你讲一个凄美的故事，因为这个故事经常会出现在爸爸的梦里。

下面的叙述，爸爸还是以第一人称的方式来进行吧：文字里的"我"，就是爸爸；文字里的"母亲"和"妈妈"，就是奶奶；文字里的"爸爸"和"父亲"就是爷爷。里面所有谈到的人，都是你的长辈；他们中的很多人，早已离开了这个美好的世界。

母亲病了

1977 年底，母亲生病了。她的病有些严重，腹腔内长了个肿瘤。

好在，肿瘤是良性的。县里的医生说，需要手术，开刀治疗。但是，母亲的身体那时已经非常虚弱，打开腹腔治疗的话，会有一定危险。父亲的一位朋友，是军队的一位首长，知道了这件事，颇为关心。这位朋友说，他认识陆军第七十二医院的一位何姓中医，她医术高超、医德高尚，应该可以通过中医的方式，只是吃中药，就可以治疗好母亲的病。经过这位首长的推荐，母亲顺利地住进了陆军第七十二医院，开始了为期两个来月的保守治疗。

那时，大约是因为中越关系已经紧张，时属曲靖地区的家乡宜良县境内，布有重兵。在县城北边十来公里的大荒田，有一个师的驻军；距离县城南四五公里的羊街镇哈拉村，驻有一个高炮旅；往大荒田方向，再往里数公里的马街的深山里，驻有一个陆军医院，即解放军第五十八医院。我母亲住院治疗的陆军第七十二医院，则位于靠近昆明方向的汤池镇境内，也在大山的深处，四周山高林密、谷深岩险。医院的附近有许多村庄，如星星般散落在苍茫的高原上，鸡犬相闻。

在二十世纪七八十年代，县城的大街上，五角星、红领章、绿军装，是一道道流动的风景线。大街上川流不息的人群里，十有二三，甚至更多吧，都是那些年轻帅气、英姿勃发的军人。他们的存在给了人们无限的温暖和安全感。人们投向他们的眼光，亲切、温和而崇敬。他们一时成了年轻姑娘们倾慕的对象。

1977 年初冬的陆军第七十二医院，一切都还显得那么的宁静、安详。高原冬日里明媚、温暖的阳光，静静地洒在医院整洁的水泥路、青草地和青砖灰瓦的屋顶上。清晨和傍晚，或嘹亮，或悠扬的军号声，于朝阳的蓬勃生气或夕阳的晚照中响起，提醒人们一天的作息、起居。这里仿佛是一个世外桃源：溪水潺潺，清澈见底，从医院的大门口欢快地流过；山坡上，白色的霜如颜料般染在树叶上、野草上，寒意阵阵、晨雾蒙蒙。不远处的乡野人家，炊烟袅袅、鸡鸣犬吠，水牛自在、悠闲地在山坡上吃着草……母亲，就住在其中一个普通的病房里，每天的事儿，就是等着身着戎装的何医生到来，把脉、开药、抓药、煎药、喝药。

如果不是治病，那也倒是一段闲适、安逸、平和的时光，无忧而祥和。

当时，父母已经有了三个儿女。我是他们的长子，快六岁。两个妹妹，大的约四岁，小的不到三岁。父亲整天奔波于医院和家之间的数十公里的路上，无法照顾我们，就把我和大妹送到外祖母家，而最小的妹妹，则由我的祖母照顾。两个妹妹年幼无知，只要有吃有喝，整天无忧无虑，根本就不知道家里到底发生了什么事情。而我则不同，已经懂事了，知道母亲是因病住院，心里非常害怕母亲此去无回，所以十分想念，以至于每到黄昏，就会跑到母亲出发的村口，苦苦地张望，希望能出现奇迹，看到母亲的归来。

夕阳西下，天色渐晚，红霞漫天下，照耀着一个六岁男孩盼母回家的孤单、怅然的小小背影。最后自然是等不到母亲的归来，于是我就伤心地哭泣，每日都是在思念的抽泣声中，被外祖母抱于温暖的怀中，逐渐进入梦乡。任我的外祖父、外祖母如何苦劝，我都只是哭泣、哭泣，身体竟然逐渐衰弱下去，脸色苍白，双目失神，呆若木鸡。加之那时，我的右侧大腿长了两个脓疮，久治不愈，极为痛苦。外祖父对我父亲说，尽快把我带到母亲的身边吧，不然，母亲的病治好了，说不定她的儿子就将因过度的思念而夭折。当我得知第二天就可以到医院看望和陪同母亲时，竟然喜极而泣，从虚弱与呆滞中"活"了过来。

那一晚，我兴奋得难以入眠，只恨冬夜漫漫。怎么盼，天还是不亮。

凌晨五点半，父亲将我唤醒。凄清的月色下，父亲一头挑着炉子，一头挑着蔬菜、腊肉、鸡蛋和大米，我则跟在他的身旁，向着滇越线上距离我家最近的一个小得不能再小的车站——江头村火车站出发了。冬日的早晨，薄雾蒙蒙，寒气逼人。但是，从家到车站，要走七八里的山路。由于心情急切，我们走得很快，走着走着，竟然浑身暖和，出起了细汗。一路上，只有年轻的父亲，和他年幼的儿子在赶路。周围山野里的村庄，才刚从梦中初醒，雄鸡的啼鸣，激昂、高亢，此起彼伏，生机盎然。公鸡的鸣叫声中，我心里突然冒出了父亲刚教会我的一个成语：生生不息！

江头村火车站位于大山的腰部。铁轨的左侧，是车站职工的宿舍；右侧，则是票务室兼候车室。候车室黄墙红瓦，屋顶上有个高高的尖顶，大有直冲云霄的气势。门窗是斑驳的墨绿色，候车室里有几排同样漆色斑驳的实木长条椅子，仿佛置身于法国山区一个偏远、古老的小站。

滇越线是米轨铁路，由法国人修建于百余年前。铁路经过的地方，山高路险、岩壁陡峻，铁路或是架于幽谷之上，或是深入重山之腹，或是行走于高险陡峭的坚硬岩石之侧，蜿蜒曲折，不失为一个鬼斧神工的人间奇迹。其修建的难度，可谓惊天地、泣鬼神。1960年代成昆线修建之前，滇越线是云南与外界唯一的铁路通道，但铁路的另外一个终点，居然是越南的首都河内。所以，云南十八怪的民谣里，有一句是"火车不通国内通国外"，甚是形象。

这条铁路，曾经在长达近一个世纪的漫长时间里，是昆明通往滇南地区的重要交通大动脉。抗战时期，也曾是美军援华物资的重要通道，后来日军为了截断滇越线，就占领了越南。中国只好改而修筑滇缅公路，后来日军又占领了缅甸，迫使滇缅公路瘫痪，于是就有了中国军队的远征缅甸。抗战时期，西南联大的师生如沈从文、汪曾祺等，就是从北平出发，到上海法国领事馆办理了进入法属越南的护照之后，乘船到香港、转越南，经滇越线来到昆明的。时任西南联大教授的钱穆，每周也乘坐滇越线上的小火车，来往于昆明和宜良之间，在宜良县城西边的岩泉禅寺，写下了闻名遐迩的《国史大纲》。

　火车徐徐进站了，牵引斑驳绿皮车身的，是黑色、笨重的蒸汽机车。远远地，它就开始鸣笛了，笛声高亢、悠长，久久回荡在高原的大山幽谷之间，十里之外，均可耳闻。滇越线上火车的汽笛声，日复一日地陪伴着沿线山民，促使他们入眠，并无数次进入他们香甜的梦里。它喘着粗气，进站时，机车向两侧喷出一股股浓浓的水蒸气，热浪滚滚。站台上顿时烟雾弥漫，把三三两两候车的乘客淹没在迷雾之中。我看到，火车车头里的司机在不断地向炉子里添加焦炭，炉子里烈火熊熊，而车头的下面，不断落下仍在燃烧的灰烬……怀着激动的心情，我被父亲带上了火车，找了空位坐下。火车开动了，仿佛很费劲的样子，先是后退数步，然后喘着粗气，重新启动，慢慢地、悠闲地鸣着汽笛，爬行起来。隧道很多、很长。每遇隧道，人们就开始喊，"快关上窗户、快关上窗户。"窗户尽管很快就被关上了，但是，车头燃烧的焦炭烟尘还是会飘散进来，父亲帮我戴上口罩，他自己也戴上口罩，尽管如此，我们还是闻到了焦煤燃烧后的浓烈的、呛人的气味，有的人还忍不住咳嗽起来。我反而觉得那种气味非常好闻，总是盼望着下一个隧道，下一个更加漫长的隧道。一过完隧道，人们纷纷打开窗户透气，车厢内的烟雾随着列车的行进，慢慢地飘出窗外，向两侧的群山散去，宛如袅袅炊烟……

大约经过了小半个上午的关窗、开窗，我们到达了名字非常动听的车站：凤鸣村站。我们该下车了！目送列车缓缓驶出车站，鸣着笛，向着昆明的方向驶去，车头上冒着浓浓白烟，白烟拉得长长的，久久不能散去……它还要再开两个多小时，才能到达昆明。昆明会是什么样子的呢？我不知道，但我又非常想知道。十多年后，我从县里的初中考进了著名的昆明一中。或许，我能跨入高高的一中的门槛，与那个冬日里看着火车离去的背影而产生的对昆明的无限向往不无关系吧？

下了车，天气变得阴沉起来，下起了毛毛细雨。雨很小，打不湿衣服。还有六里路，就可以见到我日思夜想的母亲了。我有无穷的力量，跟在父亲的身后，边与父亲交谈，边走向那幸福的彼岸……

探母、陪母

何医生是一位慈祥的奶奶。她50多岁，皮肤白净，总是面带微笑、言语温柔。她的到来，总会带给人自然而坚定的安全感。第一次见到何奶奶，她温柔地抚摸着我的头，充满了怜惜之情。看到我腿上的脓疮，她告诉母亲说："不着急，不着急。"一边吩咐同样身着戎装的年轻护士阿姨，把我带到门诊大楼去处理。帮我处理脓疮的，是一位年轻、帅气的刘叔叔。他揭开我腿上已经十分肮脏的纱布，先用酒精清洗之后，涂上一些褐色的药物，跟我说"没事了，几天就好了"。我问："不用包扎了？"他说不用。刘叔叔开始和我聊天，问我家里的情况，我一一作答。他端详我很久，说我体弱，面色苍白，是因为肚里有蛔虫。我问："需要吃药吗？"他说不用。他出去了一会儿，带来一位漂亮的王阿姨。

　　王阿姨叫我躺下，掀开我的小腹部的衣服，开始为我做针灸。我感觉十分紧张，但很快就放松下来，只感觉腹部麻麻的。十多分钟后，针灸完成了，谢过刘叔叔和王阿姨，我被护士阿姨带回了母亲的病房。我腿上的脓疮居然很快就好了。肚里的蛔虫，也被排出了体外。从此，我的身体渐渐好了起来，面色红润。后来，在一次与刘叔叔的闲聊中，我才知道，他和王阿姨都是何奶奶的学生，王阿姨是师妹，刘叔叔是师兄；而何奶奶，居然是全军最权威的中医教授。何奶奶的先生，也是全军一流的外科专家。

　　在何奶奶的精心治疗下，母亲的病情逐渐缓和，精神状态越来越好。我们每天要做的事情，就是熬药、做饭、散步。孩子的天性是爱玩，我常常偷偷跑出去，要么到野外疯跑，要么在医院的各处穿梭。但是，有一个禁区是母亲反复叮嘱、严令禁止的，那就是传染病区。但越是禁止，我越是好奇，总是偷偷地跑到传染病区附近张望。更多的时候，我会跑到刘叔叔或王阿姨的诊室里去看他们为官兵们治病。

一个周五的下午，刘叔叔趁诊室里没人，就问我说："叔叔好不好？"我说好。他就要我听他话，并面授机宜，我全部答应。走时，刘叔叔还给了我一大把大白兔奶糖，简直把我高兴坏了！

第二天是周六。午后，我就跑到王阿姨的宿舍，硬是把漂亮的她拉了出来，要她带我出去爬山。王阿姨非常开心，一路上不停地给我讲故事、唱歌，有说不完的话。我跟着她，跑前跑后，开心极了。突然，她的歌声停住了，漂亮的脸蛋变得通红。原来，我们"碰"到了坐在半山坡上的刘叔叔。刘叔叔大声地向我们打招呼，仿佛是真的碰巧遇到我们一样，而我却在心里偷笑：这世界上，哪有这么碰巧的事啊！我偷偷地剥开一颗大白兔奶糖，放到嘴里。那糖，格外的香甜……王阿姨很快就恢复了常态，照样跟我有说有笑，拉着我的小手，并不怎么理会刘叔叔。刘叔叔也不气馁，同样跟我说说笑笑，偶尔讨好地跟王阿姨说句话，王阿姨似答非答。我竟然成了三人的核心。太阳快要西下时，我们爬到了山顶。都累了，刘叔叔变戏法似的从他的军用背包里，拿出了毯子铺在空地上，把罐头、水果、汽水和面包堆放在上面，在满山红叶、残阳晚照和微寒的清风中，我们享受到了一顿极为丰盛的大餐。

吃饱喝足了，刘叔叔期盼地看着我，我鼓足了勇气，大声地对着刘叔叔喊他爸爸，刘叔叔痛快地答应了我的呼唤。我又对着王阿姨叫她妈妈。连叫数声后，王阿姨突然一把将我抱住，在我的耳朵旁深情地、小声地应答道："哎……"王阿姨居然哭了，她把我搂得更紧了。刘叔叔的眼睛也湿润了，他走过来，把我和王阿姨轻轻地拥抱在一起……

山脚下，军号声悠扬地响了起来，传得好远、好远……

后来……

1978年的元旦，是一个风和日丽的日子。陆军第七十二医院的草地上，嫩绿的小草长了出来。行道树上的新叶，也绿了。春天还未到来，云南高原上的万物已经迫不及待地开始复苏了。一切，都是那么的美好。这一天，有三件值得一说的事情。一是，我母亲，在何奶奶的精心治疗下，经过仪器的检查，身体痊愈了，随时可以出院回家了。二是，曲靖地区文工团来医院慰问演出，剧目是歌剧《洪湖赤卫队》。还有一件事是，刘叔叔和王阿姨闪电结婚了。这最后一件事，是何奶奶以及医院官兵谁都没想到的。但是，大家都为他们感到由衷的高兴，也为母亲的痊愈感到开心。当然，最值得说的，还是刘叔叔和王阿姨的婚礼。婚礼是在医院的大食堂里举行的，简朴、喜庆、热闹。何奶奶和她的先生，是婚礼的证婚人。医院的领导也来了。我和爸爸、妈妈，作为刘叔叔婚礼的贵宾，受邀参加了他们的婚礼。那天，我得到了刘叔叔和王阿姨赠送的一份珍贵的礼物。礼物是一件灯芯绒的夹克上衣，土黄色的，非常合身。晚上，我和爸爸妈妈还得到了三张观看演出的门票。我们的座位紧紧地挨着何奶奶和她的先生，以及刘叔叔和王阿姨。三家人其乐融融地享受到了一场极高专业水平的演出，尽兴而归。

第二天，妈妈出院了。何奶奶、刘叔叔两家人都来相送，大家依依不舍。我哭成了个泪人。刘叔叔和王阿姨交换着抱着我，一直把我们送到医院的大门口。王阿姨也哭了，她悄悄要求我再叫她一声妈妈。我哭着，叫了。回到家，爸爸早就杀好了一头猪，家里的房梁上，挂满了腌制好的猪肉。春节很快就到了，我们一家人，过了一个非常难忘的年。

以后，每到中秋之类的大节，爸爸妈妈都要带着我，到地里摘两大筐各类蔬菜，拿着鸡蛋，乘坐那需要在通过隧道前后，不断地开窗、关窗的小火车，送到陆军第七十二医院，分别送给何奶奶和刘叔叔家。第一次去何奶奶家，我们才发现，她有一个已经成年的痴呆儿子，他会陪我玩，而爸爸妈妈也与何奶奶他们喝茶、闲聊。刘叔叔和王阿姨举案齐眉、相敬如宾，生活得十分幸福、美满。每次，他们都会给我许多糕点、糖果。

1980 年的那个节日，我们再去陆军第七十二医院的时候，何奶奶、刘叔叔他们的家，都房门紧锁。一打听，说是都到前线去了。医院里，住满了从前线下来的伤员。我们来到妈妈曾经住过的病房，病房里住着几位重伤的士兵。其中一位，两只眼睛都被包扎起来，什么都看不见。我们把带来的蔬菜、鸡蛋悄悄地放在病房的门口，默默地离开了……回家的路上，我们谁都没怎么说话。

再后来，陆军第七十二医院搬走了。搬到哪里，还是被撤销了，就不得而知了。前几年回老家，我带着我的太太，专程到医院原址去看过，那里已经是一片瓦砾。当年的病房、礼堂等，都只剩下一片残垣断壁，长满了荒草。我久久地驻足在瓦砾之上，不忍离去。我的太太，是否能理解我内心深深的哀伤，和我对 1977 年，对故人的无限怀念……

亲爱的女儿，故事讲完了，喜欢吗？喜欢那个遥远的 1977 年吗？这个故事，你可要记住啊。等你长大了，也讲给你的女儿或儿子听听吧！

祝你好运！

爱你的爸爸

2016 年 1 月 19 日上午

第十二封信
永远的故乡

亲爱的女儿：

　　你好！

　　2016 年 1 月 14 日到 17 日，作为深圳市委宣传部主办、深圳《晶报》承办的"回故乡——沿着深圳观念的足迹"的主角之一，爸爸随《晶报》财经部主任廖皋老师、摄影部主任贾玉川老师，带着你和妈妈以及大龙、小龙回到了爸爸的故乡，进行了为期四天的回故乡活动。作为改革开放的发源地和排头兵，深圳产生了很多影响全国的深圳观念。我们此行的目的，就是要看看深圳观念对于老家的影响。深圳是中国重要的经济、金融中心，也是全球知名的国际金融中心。在《晶报》此前回故乡的近 30 位人士中，唯独缺少的就是金融行业的从业者。在《晶报》的反复邀请下，爸爸盛情难却，答应了他们的要求，成为他们笔下和摄像机下的主角。爸爸之所以要带上你和弟弟同行，是希望这项有意义的活动，能带给你们一些启发与教育。

　　廖伯伯和贾伯伯都是深圳乃至全国有名的大记者。廖伯伯博览群书，知识丰富，性格温和，是一位具有大智慧的学者型记者；而贾伯伯则是位身材高大、长发飘飘的艺术大家，他拍摄的很多纪录片，包括寻找抗战老兵的纪录片，在国内外都很有影响力，他获奖的摄影照片则是不计其数。我们能够成为他们笔下和镜头下的主角，是我们的荣幸。

袁嘉谷

爸爸既然是从事金融行业的专业人士，当然要带《晶报》的两位记者看看昆明的金融业。14 日晚上盛情宴请我们的是昆明一家股权投资基金公司的杨总裁和他的两位部下。他们特意把晚宴安排在昆明翠湖边上的石屏会馆，一座清代的古老建筑里的饭店。这是一座气势恢宏的古代建筑，几进几出的大门，做工精细的门窗，在灯火辉煌之中，恍如一座美轮美奂的宫殿。这座建筑还是袁嘉谷（1872—1937）的故居。袁嘉谷是谁？他可是我们云南老家近代的名人，袁嘉谷字树五，号澍圃，晚年自号屏山居士，是云南石屏人。袁嘉谷在云大执教十余年，是云南文化名人，是晚清时云南独一无二的全国状元。袁嘉谷的字，自创一体，世称"袁家书"。从封建王朝的状元，做到现代高校的教授，古今唯此一人，天下亦唯此一人，这便是袁嘉谷。

爸爸跟你讲讲袁嘉谷的故事吧。

1903年，清政府进行了历史上唯一一次经济特科考试。据了解，经济特科的考试与一般科举考试不同，它不以八股见长，而是以经世济民、治理国家的方策为主，更注重学以致用。特科考试，整个清朝只有过三次（另两次为博学鸿词科），此次应考的还有已经获得状元身份的人，所以"经济特元"的地位，应高于普通的状元。出人意料的是，在全国应试的306人中，咱们云南石屏人袁嘉谷得经济特科第一名，大魁天下，是为"经济特元"，弥补了"云南不点状元"的空白。清代先后开博学鸿词两次、经济特科一次，因此袁嘉谷被赞为"国朝第三人"，民间称袁嘉谷为"独一无二的状元"。

消息传到云南，昆明人将拓东路上的聚魁楼改名为状元楼，滇督魏午庄书"大魁天下"致贺。1999年，袁嘉谷的故乡石屏县按昆明状元楼的样子重修状元楼，以资纪念。

袁嘉谷回云南登状元楼时，值电影兴起，还拍了一个纪录片为存念。袁嘉谷中状元之后，先任京官，入翰林院任编修、协修等。袁嘉谷是中国教育史上负责编写中小学教科书的第一人，至今通用的"星期""乐歌"等名词，还是当时由袁嘉谷新订的。

1917年，袁嘉谷居家卖字自给。他中状元后，书名远扬，求书者远至北京、浙江、日本。他虽名为"卖字"，但为人豁达，只要有人来索，无论长幼贵贱，均认真挥毫，以礼相赠。昆明的翠湖、大观楼、西山、黑龙潭等名胜风景区，都留有袁嘉谷的书法墨迹。

1921 年，袁嘉谷任云南省立图书馆馆长。晚年，他结庐翠湖，自辟一园，名"树园"，堆土为山，名"金钟山"，盖一小亭，名"课经亭"，又种些花草菜蔬以赏心悦目。并以"园愈狭，心愈惬；园愈隘，身愈泰"自慰自勉。他用晚年光阴，搜集、整理云南地方文献。当时大滇池南岸的昆阳月山，发现了一块马哈只墓碑，经他鉴定是明代航海家郑和为其父在故乡树立的墓碑。《明史》记载郑和是云南人，但不知道生在云南何地，经他此番考证，作了碑跋并倡议地方政府建亭保护，世人才知道郑和的故乡，知道云南产生过这样一个伟大的航海家。

1922 年，由云南督军兼省长的唐继尧创办的云南第一所大学——私立东陆大学（即今云南大学前身）成立，次年袁嘉谷应聘担任国文教授。袁嘉谷本属重金聘请对象，但他得知大学经费颇紧，坚辞不受，反捐款千元作为办学资金。直到八年之后（1930 年），东陆大学由私立改为省立，他才开始领薪。袁嘉谷博学，且平易近人，在东陆大学声誉甚高。他每周讲两节国文课，教室设在至公堂，每节课总是座无虚席，除该校学生和一些教师外，还有不少校外人士慕名而至。袁嘉谷任教十余年，培养了数百人，其中不少人成就甚高，如李士厚、李乔、浦光宗、张希鲁等。

至今，石屏会馆里还挂着袁嘉谷高中状元的试题原件。

爸爸的朋友杨叔叔把宴请安排在这样的地点，可谓用心良苦！

杨叔叔是爸爸的朋友，也是爸爸生意上的合作伙伴。他已经初步确定会参加爸爸所在公司的定增，很可能会成为爸爸公司的股东；同时，爸爸推出的一项资产重组业务，杨叔叔和他的公司也准备参与。此次虽说是回老家干"私活"，却与杨叔叔进一步确定了双方在金融领域合作的事情。如果最终合作成功，将是一笔涉及数亿元资金的大生意。而杨叔叔，则将是我们云南老家金融界的翘楚。

昆明一中

15日上午，我们一行来到某大型证券的昆明营业部。这家营业部的总经理，正是爸爸在昆明一中的同窗张阿姨。能够在昆明这样一个金融欠发达地区做到全国最大券商的分区营业部总经理，可不是一件容易的事情。爸爸在昆明一中读书的时候，张阿姨是爸爸前排的同学。在《晶报》两位记者的见证下，爸爸与张阿姨谈成了一项重要合作：她的营业部要在春节后，为爸爸任职的公司出售一款欧洲酒店基金，她承诺的金额是5000万元哦！

张阿姨能取得如此高的职业成就，与深圳有密切关系。她曾经在深圳的国信证券工作过一段时间。这段在国际金融中心工作的经历，无疑给她登上如今的位置带来了坚实的基础，也算是深圳为云南金融做出的贡献吧，因为是深圳为昆明培养了金融方面的专才。

下午，在贾叔叔的镜头和馆长爷爷的带领下，爸爸带你参观了昆明一中的校史馆。昆明一中建校于1905年，那还是清代，所以如今，昆明一中已经是具有110周年悠久历史的百年老校了。爸爸想，就是放在全国范围内，昆明一中也堪称名校，而且能够建立一座规模宏大的校史馆，全国的中学也估计没几家有这个历史沉淀；其展品的丰富、历史的悠久、人才的辈出，即使是与爸爸的大学武汉大学相比，也毫不逊色。熊庆来、闻一多、杨振宁、艾思奇、吴晗、楚图南、蔡希陶……都曾任教或毕业于昆明一中。

爸爸跟你讲讲熊庆来的故事吧。而且巧的是，爸爸高中的一位女同学，就是熊庆来的孙女。

熊庆来（1893—1969）是云南弥勒人。他是我国著名的数学家、数学教育家，被誉为"数学泰斗"，是我国函数论的主要开拓者之一。

1912年至1913年，熊庆来就读于云南省立第一中学（现为昆明一中）英法文专修科。1913年留学比利时，先后在比利时、法国的四所大学攻读。归国后他创办了三所大学的数学系，以及中国第一个数学研究所和第一份数学学报，为推动中国数学教育和数学研究发展付出了毕生心血，是我国近代数学研究与高等教育的奠基人之一。他精心培养了著名数学家华罗庚、陈省身和著名物理学家严济慈、钱三强、钱伟长、赵九章、赵忠尧等。其无穷极定义被国际数学界称为"熊氏无穷极",被载入世界数学史册。

小米轨

爸爸每次带你们回家,必去的地方就是从村西边三公里穿过的滇越铁路。那是全球目前唯一在运营的米轨铁路,由法国人修建完成于 1910 年前后,曾经是 100 年内云南通往外部世界的唯一大动脉。爸爸之所以对这条铁路充满了感情,是因为爸爸就是从一个小山村,沿着这条铁路,来到了昆明,来到了更加广阔的世界。而且,贾叔叔认为,拍摄小米轨,是非常有价值的活动。所以,爸爸是"演员",贾叔叔是导演,爸爸的弟弟们是观众,在米轨上,在法式建筑的小火车站、在已经废弃的铁路职工宿舍旁、在"洋桥"……整整一天的时间里,从朝阳升起,到夕阳西下,我们度过了美好的时光。

一离开昆明,贾叔叔就变了个人:他特别开心,话也特别的多,笑声可以传遍整个山谷,一位大导演的风范体现得淋漓尽致。而廖叔叔则忙着和已经老去的铁路工人聊天。

爸爸非常期待贾叔叔拍的纪录片。不知道在他的片子里，爸爸会是什么样子？

云南是爸爸的故乡，但肯定不会是你的故乡，因为你对云南不会有如爸爸这样的感情。爸爸愿意多带你回云南，培养你对她的感情。有故乡的人是幸福的，比如过年的时候，有故乡的可以回故乡，没故乡的人，只能去远方……

祝你幸运！

爱你的爸爸

2016 年 1 月 24 日于家中

附录
回得到的家乡　回不去的故乡

"爸爸当年就是从这条铁路坐 3 个多小时火车去昆明一中上学的。"

"那你不是每天都会迟到？"

"爸爸不是每天坐火车去上学，是一个学期才坐一次火车去学校。每个学期才回一次家。"

"为什么一个学期才回一次家？"

"那时对爸爸来说，昆明是一个很远很远的地方。"

"为什么呀？"

这是 2016 年 1 月 17 日上午，在云南宜良县匡远镇温泉村委会下栗者村黄土坡，百年前法国人修建的著名的窄轨滇越铁路边，深圳达仁投资管理股份有限公司董事总经理李映宏，与他九岁的女儿李楼瀚宇的一段对话。这是两个时代的人之间的对话，女儿当然不能理解为何一个学期才能回一次家。

童年的时候，这条铁路是李映宏的心连接外部世界的寄托，他常常想铁路的另一端是怎样的世界？滇越铁路是世界上唯一仍在运行的一米制轨距（简称米轨）铁路。

作为由深圳市委宣传部发起、《晶报》具体执行的"回故乡——沿着深圳观念的足迹"大型跨年活动的第27位主角，深圳达仁投资管理股份有限公司董事总经理李映宏偕妻子和三个孩子，乘飞机取道昆明回故乡云南宜良县匡远镇温泉村委会下栗者村。

作为国家刚放开二孩政策的受益者，李映宏的一对三岁双胞胎儿子大龙、小龙几天前刚刚上了户口，领到了身份证。李映宏的太太楼国萍曾是全景网的总编辑，不过已有多年在家做全职太太的经历。

云南的天湛蓝，空气透明清新，到处都是亮堂堂的阳光，初到者常有光线晃眼睛的感觉。

昆明访友不经意间做成两单业务

在昆明停留的几天时间里，李映宏将行程安排得爆满。

元月15日，国内A股再次以大跌收市，这种行情并没有让回到家乡带着记者走访昆明一中的达仁资管CEO李映宏有太多牵挂。下午3点，在昆明一中校史室内，刘晓燕老师正在给《晶报》"回故乡"的两位记者介绍这所诞生于1905年的百年老校培养出的包括熊庆来、杨振宁在内的一批优秀校友。当晚，六位昆明一中的高中同学请李映宏一家吃饭，饭前在包间的茶几上签下了几位同学委托的100

万元资管计划协议。

从前一天晚上携妻儿飞到昆明开始，李映宏就按安排好的计划拜访客户，会见同学。14日晚，李映宏的朋友昆明圣乙金润股权投资基金管理公司的总裁杨龙川在昆明石屏会馆设宴接风，席间李映宏与杨龙川及其两位同事就投资思路与中国经济的前景各抒己见。杨对经济的态度较为乐观，而李映宏的看法则较为谨慎。由于双方谈论话题深入而又热烈，意犹未尽的一行人又从餐桌上移师李映宏下榻的君乐酒店房间。李映宏表示自己的判断虽较谨慎，不过策略上却是看空做空。

昆明圣乙金润股权投资基金管理公司与达仁资管有多年的业务合作，近期参加了达仁资管的定向增发。

15日上午，李映宏拜访了在昆明一家证券公司营业部任总经理的昆明一中高中女同学张蕊，洽商双方业务上合作的可能性。张曾在深圳的证券行业工作过，接近中午即谈妥由其代销一款达仁资管销售的欧洲酒店基金5000万元额度的意向。快人快语、做事干练的张蕊是李映宏高中时的语文课代表，她对李映宏的几篇作文的文采仍印象深刻。李映宏记得坐在他前排的张蕊曾悄悄借给自己琼瑶的小说《窗外》，但翻遍书页也未见夹有一张字条。心有不甘的李映宏单独邀请张蕊看胡慧中主演的电影《欢颜》，不想张蕊应约前来时又带了另一位女同学，更有趣的是，当三人正准备检票入场时，班上一位爱搞恶作剧的男生意外出现在他们面前，露出一脸坏笑。隔天班主任即找李映宏谈话，语重心长旁敲侧击暗示他要把大好时光用在学习上，至此，一棵朦胧的情感幼芽便成为李映宏心中的琥珀。

　　15日中午，在昆明工作的裴金才等三位宜良二中初中时的同学热情宴请李映宏一家。在昆明东方航空工作的初中同学王菊梅眼中，李映宏是个常穿一件浅灰色西服、上衣口袋插着两支钢笔的秀气完美的好学生。贫穷和饥饿是那个年代农村孩子的集体记忆，在县城的宜良二中读书时，常常为下一顿饭没有着落而焦虑，自卑感曾是王菊梅挥之不去的梦魇。王菊梅说，同样来自农村的李映宏却显得自信而阳光，用现在的话说就是班级女生心目中的"男神"。现为昆明一家特教学校老师的裴金才在初中与李映宏同桌，裴金才以自豪的口气介绍道，李映宏"门门功课都优秀，所以初中毕业才能考取昆明一中，一个县里才录取了几个！"。

回到家乡宜良下栗者村　那些熟悉的人和事

　　16日上午，我们随李映宏一家前往昆明宜良县匡远镇温泉村委会下栗者村的故乡家中探视其父母，提前吃一顿当作春节团圆饭的大家庭聚餐。

　　李映宏的父母和刚赶回家、在中越边境地区文山市交警局任职的弟弟早早在村口迎接，李映宏下车与父母很有节制甚至还有些拘谨地问候寒暄，弟弟李映良则在旁默默地搬着行李。大妹妹一家和一些亲友在厨房里忙碌。

中餐丰盛又有浓郁的家乡风味，下栗者村的特产是板栗，板栗烧鸡当然不可少。宜良的烤鸭也是当地的名菜。还有李映宏妈妈自创的一道菜——菜卷，用菜叶包肉馅蒸出，十分爽口。

李映宏在温泉小学的老师杨桂芬老人也被李家请来吃饭。杨老师指着李映宏告诉记者，"小学三年级的时候，这个娃娃就得了云南省级的'三好学生'，一个县都没几个"。

李映宏的父母都是温良之人，父亲李中合是位温和睿智的老人，20世纪60年代初即考取县师范，后因国家经济调整学校解散，回乡务农，但懂知识爱琢磨的天性让他成为村中的能人，是生产队的专职电工，负责管理粮食加工作坊。虽说回乡务农但主要从事技术含量高的电力机械操作维护工作，真正下田劳作不多，用李映宏母亲的话说，"我这个老头这辈子只用坏了一把锄头"。李父的心灵手巧让他在许多方面无师自通，自学的木工活让自家在1969年成为村中第一个拥有两扇玻璃窗的亮堂房屋的家庭，1977年摸索出了切烤烟丝的手艺，1980年代学会制作酱菜的手艺，这些在当时都极大地改善了家庭经济状况，让李映宏四兄妹读书生活不至于过分拮据。其中三人考取大学，毕业后在外工作，只有大妹妹回乡务农，接管了父亲的粮食加工作坊。在村中，李家是个子女有出息让人羡慕的大家庭。

李映宏的母亲李菊芬爽朗豁达，年轻时曾是大队花灯舞宣传队队员，至今仍能随口唱出百十首花灯舞歌曲。李映宏回家当晚，在楼顶晾台赏星星之际，老人为我们演唱《插秧姑娘》等七八首那个年代的歌曲，唱到兴致处老人还摆出几个姿势，煞是投入。

李映宏家的家风甚严，但家庭气氛宽松和谐，不过作为普通人家，父母教导子女要尽量避免涉足风险，不冒无端之险。在许多方面李映宏会显得"特别胆小"，李映宏的太太楼国萍说：李映宏抗拒走狭窄的独木桥，也避免去养有恶狗看门的人家串门。这些生活经验、生存智慧产生的自我保护意识，让他在后来的投资生涯中植入了极强的防范风险的基因，轻易不触碰高风险的东西。只有在有十足把握的情况下，才会奋力一搏。

对区域经济、场域经济以及一些可能的投资标的企业，李映宏一般不会满足已有的经济数据，更不会轻易相信对方提供的经济指标，总是通过多渠道的调研，综合比对相关信息，再辅之以自己的观察来判断。他对许多地方经济的虚假繁荣保持着高度警惕，避免自己掌管的资金落入泡沫掩盖的陷阱。他在一篇文章中表达了对西部某省国有经济的担忧，并在投资实践中与这些企业保持足够的距离。

回不去的故乡

作为来自农村的孩子，李映宏希望看到家乡的变化，但有些变化又让李映宏感到担忧。他常刊发一些研究农村社会变化、经济发展现状的深度文章，这些深度思考能让我们反思中国农村现代化过程带来的阵痛。

以记者此行在李映宏家乡下栗者村的所见所闻，村中的抢建与规划无序而杂乱，道路逼仄而狭窄，多数路面未作硬化处理，可以想见雨天路面的泥泞不堪。村子里的现代化似乎是中国农村现代化的一个缩影，物质文明的进步总伴随着自发和无序。而环境污染在城市里已成为公共话题，但在农村仍被视作经济发展的代价而被容忍、忽视和漠视。

城市生活对农村的影响和冲击是方方面面的，李映宏回家的次日正是村里的板栗种植大户李学林嫁女儿的日子。李学林在村中摆酒宴庆贺，热情邀请李映宏这个村中出去的"名人"参加女儿婚礼。《晶报》摄影记者贾玉川也希望能记录一场有云南民俗色彩的婚礼，但见到的是一场诸如塞红包，讨红包，刁难新郎方开门接新娘的热闹而混乱、已经完全城市化的婚礼。

村中出去的另一个名人、在昆明开酒店的杨建周（人称"杨哥"）也赶回来参加李学林嫁女的喜宴，李映宏与杨哥席间有说不完的话。干练且颇有江湖义气的杨哥感叹酒店生意不好做，李映宏劝说杨哥做些别的投资，可以把资产配置到别的方面。两人虽有说不完的话，无奈李映宏吃完喜酒要赶往昆明乘当晚飞回深圳的飞机。童年的故乡自然而恬静，生活清贫但自然朴实，如今故乡物质条件极大改善，但现代化几乎伴着无序杂乱而来，村前那条记忆中的清澈小河虽还在但已成为漂浮着塑料瓶、塑料袋的生活垃圾河。田地里不时可见弃置的农药瓶、化肥袋和塑料薄膜。村中的房屋绝大多数已建成水泥砖瓦的现代建筑，一些单体农民房已经与城市人眼中的别墅毫无二致。李映宏 2004 年花 20 多万元为家中盖的一幢三层楼房甚至还专门请了深圳的建筑设计师朋友帮忙设计，庭院的花园也作了园林景观布置，种植了一些有好寓意的植物，一株葡萄架给院子带来阴凉。只是后来父母感到不实用，陆续改变了原设计，觉得不如在院子里种些葱蒜实用且有生活气息。

资本市场：用思想挣钱

1971 年出生的李映宏是家中的长子，1989 年从昆明一中毕业考入武汉大学经济系，李映宏的人生轨迹犹如从当年法国人在家乡建的滇越窄轨铁路进入到国标的宽轨，路距变宽，人生的视野亦开阔。这种从家乡山村走出去看外面世界的渴求，让他从下栗者村走入县城二中，再从二中考入昆明一中，进入武大不过是人生的轨迹又延伸了一段。东湖畔珞珈山下四年的大学生活，李映宏如饥似渴，不断穿梭于图书馆与教室之间，用知识充实自己的心智。其时以教育改革闻名的前校长刘道玉倡导的开放自由的校风仍在，学校社团活动活跃，李映宏也热心于此，曾经任校广播站播音，爱好文学写作的特长找到了用武之地。

1993年毕业时，李映宏原已联系好中国民航云南管理局为接收单位，临时变动来到深圳市新华书店报到。两年后调往中国人民银行深圳分行旗下的深圳资信评估中心工作。1999年又应聘到证券时报公司部任记者，其间凭扎实的财务实务知识写出《五问蓝田股份》，之后刘姝威那篇终结蓝田神话，揭露其财务造假的著名短文才面世。其后李映宏进入公募基金工作，先后任博时基金高级经理、南方基金机构及养老金业务部总监、宝盈基金机构业务部总监等职。再其后李映宏加入现在供职的私募基金。

文学梦似乎是一切爱好阅读的孩子的共同梦想，也帮孩子将思想变成文字。爱好写作成为李映宏排遣空闲的寄托，许多思绪就此落入笔端纸面，让他能够在资本市场紧张搏杀之后，平静而理性地用文字与历史、与自然、与哲学、与人生娓娓对谈。他的许多投资理念和对人生意义的追寻都通过其文字传播。他以给女儿写信的方式，把自己的人生经历、家乡历史浓缩在了文字当中。

深圳是一座移民城市，不管落户深圳多少年，绝大多数深圳人还是将自己人生的出发地当作地理意义和历史意义上的故乡。回故乡探亲访友寻幽问古是一种精神寄托，许多人回故乡仅仅只是回一趟故乡而已，他的人生主场早已移师深圳，故乡变成了精神家园，那是人生灵魂层面的精神故乡，现实往往要从精神层面寻找前行的动力。

《晶报》记者廖皋 / 文

第十三封信
我们家的生活智慧

亲爱的女儿：

你好！

"我是谁？我从哪里来？我要到哪里去？"这是拷问了人类千百年的终极哲学问题。等你长大了，也会在内心反复问自己这问题。爸爸在上大学的时候，开始接触并思考这个问题。说实在的，爸爸现在也没有给这个问题一个合适的答案。还记得爸爸在你三四岁的时候，教你背诵唐代著名诗人陈子昂的《登幽州台歌》吗？——"前不见古人，后不见来者。念天地之悠悠，独怆然而涕下。"这是一首吊古伤今的生命悲歌，从中可以看出诗人孤独遗世、独立苍茫的落寞情怀。千年前的陈子昂，通过他的这首千古绝唱，不也是在追问自己"我是谁？我从哪里来？我要到哪里去？"这样的终极问题吗？

今年春节，爸爸又带着妈妈、你和你的双胞胎弟弟，回到了云南老家过年。我们看到，你的爷爷奶奶的身体是一年不如一年了，他们在慢慢老去。爸爸之所以要请年休假，连上春节的假期，在家多待些日子，就是为了多陪一陪你的爷爷奶奶。虽然我们家有长寿基因，比如太奶奶一直活到了 101 岁的高龄，无疾而终，但是，爸爸还是非常珍惜与爷爷奶奶共处的时光。因为，说不定，爷爷奶奶随时就会走了。去年春节，我们不是在极度悲伤中送走了你的外公了吗？从去年以来，与我们在深圳同住的外婆，不是也因为肝硬化，而经常住到医院里去治疗吗？生老病死是自然规律，谁都躲避不了；正如大自然的春、夏、秋、冬的四季轮换。到了爸爸这个年纪，必须面对生我养我的至亲随时可能逝去的悲痛；同时，爸爸也会看到你和两个弟弟一天天地茁壮成长。在你和弟弟这个年龄，生命的"存折"里刚刚存进一大笔"钱"，仿佛永远也花不完；可是，到了爸爸这个年龄，爸爸突然发现，生命"存折"里的"钱"已经花去了大半，而且最令人无奈的是，爸爸无论如何也没有办法在自己的生命"存折"里存进哪怕一分"钱"。爸爸不知道，到了爷爷奶奶这样的年纪，他们对待生命"存折"又是怎样一种感受？所以，你要珍惜与爸爸妈妈、爷爷奶奶在一起的珍贵时光，以及我们之间无限宝贵的亲情。另外，你还要学会热爱生命、珍惜时光。

　　爸爸今天给你写信就讲一讲咱们家老一辈人的生活智慧吧。这或许对于你将来面临"我是谁？我从哪里来？我要到哪里去？"这样的人生哲学问题时，可以提供某种参考。家族的人生智慧或者说生活的智慧，是需要传承的。

太奶奶的故事

在爸爸目力可及的范围内，爸爸一直认为，咱们家老一辈人的生活智慧，源头是来自你的太奶奶。你的太奶奶，出生于一个以耕读传家为生活信条的诗书礼仪之家，她的父亲，是晚清的秀才，一生都以教书（担任私塾的塾师）为业。所以，太奶奶从小耳濡目染，从自己的父亲身上，学习到了很多为人处世的朴素道理。在那个物资极其匮乏的年代，太奶奶认真地做好了两件事：一是让她的四个子女（其中之一就是你的爷爷）健康地活了下来，这在当时医疗水平低下和粮食短缺的年代，是一件很不容易的事情。二是，太奶奶让自己的子女都接受了良好的教育，比如，大爷爷是当时村子里唯一的高中毕业生，可以媲美如今的大学生；你的爷爷也考上了一所中专师范学校，也可以与如今的大学生相比了——可惜的是，由于遇上了"三年困难时期"，国家财政困难，爷爷所上的学校被迫解散了。所以，本来可以做教师、吃"皇粮"的爷爷，只好回家做了农民。太奶奶经常教育爸爸的话就是："书中自有颜如玉，书中自有黄金屋。"由于这样的言传身教，你的爷爷和奶奶对自己儿女的教育也非常重视，此为后话。

讲一个太奶奶的故事吧。"大跃进"时期，上面提出了要"跑步进入共产主义"的口号，要求各个生产队办集体食堂，所以，生产队里要求各家各户必须把粮食，以及锅碗瓢盆上缴。太爷爷听到了生产队的号召，立马要把所有的粮食全部交到生产队里去。太奶奶却只是让太爷爷象征性地交了一小部分粮食，还偷偷地留下了一口锅和一些碗筷，藏在非常隐蔽的地方。她还要求太爷爷尽快在家里的所有自留地里种上红薯。太奶奶后来告诉爸爸她为什么要这么做，她说："我一听到要办集体食堂，第一个反应就是这不是个好主意。集体食堂肯定会办垮掉，那是人的天性决定了的。"太奶奶说，为了一家老小不挨饿，不饿死任何一个人，她必须那么做。后来，结果很快应验了太奶奶的判断：大食堂很快就办不下去了。后来饥荒开始在村子里蔓延，并开始陆续有人死去。然而，由于太奶奶超前的预见性，家里不但还有粮食，而且太爷爷在自留地里种的红薯也成熟了。一家人兴高采烈地到地里收获了足够一家人吃一年的红薯。就这样，在太奶奶的带领下，一家人没有挨饿，更没有出现家庭成员因饥荒而死去的悲惨遭遇。

　　什么叫智慧？具备看到别人看不到的未来的能力，就是智慧的体现。智慧不是知识，更不是信息。一个有丰富知识、博学多才的人，不一定是一个具有智慧的人；而一个目不识丁的人，却可能是一位有智慧之人。比如，太奶奶，虽然她到了100岁的时候，还能熟练背诵诸如《三字经》《百家姓》《弟子规》《论语》等经典，但她却一个字都不认识。那些经典，是太奶奶从她父亲教书的私塾外"偷听"来的。那个时代的女孩子，没有接受教育的权利，因为"女子无才就是德"。

爸爸上初二的时候，班级组织大家到省会昆明去进行为期三天的旅游，每人吃、住、行，需要五元钱。五元钱在当时意味着什么？意味着爸爸住校半个月的生活费；意味着可以买到十公斤大米。你的爷爷、奶奶过惯了苦日子，认为那是一笔不该花的费用，因为旅游就是玩，所以不同意爸爸去。听到你爷爷奶奶的决定，爸爸非常的沮丧，因为直到爸爸上初二，去过最大的城市就是县城。那时的昆明对于爸爸来说，是一个十分遥远的地方。爸爸伤心极了，就哭着去找太奶奶"告状"。太奶奶说："去！你一定要去！你早就应该去见见大世面，这样将来才能做大事。"她毫不犹豫地从自己的衣袋里，掏出了一个裹得严严实实的手帕，小心翼翼地揭开，数了厚厚一沓一毛钱、一毛钱组成的五块钱，递给了爸爸。那是太奶奶自己养鸡下蛋，拿到集市上出售才换来的钱。那时，一个鸡蛋刚好可以换到一毛钱。五块钱，意味着老太太养的鸡要下 50 个蛋啊……

爸爸终于可以如愿以偿地跟着老师和同学们到昆明旅游了。爸爸如刘姥姥进大观园一样，第一次看到了外面那个以前从未亲眼见过的大都市：宽阔的马路、穿梭来往的公交车、闪烁的霓虹灯……那次短暂而愉快的旅行，再一次坚定了爸爸一定要刻苦学习，通过自己的努力走出小山村、走向外面广阔的世界的决心！一年多后，爸爸就以全县第一名的成绩，成功地考入了昆明一中，从此迈出了走向广阔的天地的坚实脚步。

后来，在太奶奶去世后，爸爸与你的小叔叔有过一次对话。据我们兄弟俩的回忆，太奶奶在教育自己的孙辈时，从来都是教导我们积极、乐观、向上的道理，她从来没有教我们贪便宜之类的歪理。

爷爷的故事

爸爸是在一片蛙声中记事的。那是一个雨后初晴的黄昏，爷爷拉着年纪尚幼的爸爸的小手，穿过一片片正在抽穗的稻田。田埂不宽不窄，正好够父子俩并排走过。爸爸现在还记得，那天的空气很清新，空气中弥漫着稻花的香味。西边的山上，云彩压得很低，夕阳把云彩染得红彤彤的，好像触手就可摸到。年幼的爸爸，跟着年轻的爷爷，到养老院去看他的一位盲人朋友。

这一幕，从此深深地印在了爸爸的心中，成为爸爸最初的美好记忆。

爷爷从那所师范学校退学后，并没有受到太大的打击。因为爷爷是一个心灵手巧的人。那时候，工业化尚处于初级阶段，很多生活用品都要自制。爷爷的厉害之处在于，他只要看到别人修理或者制作什么东西，他自己很快就琢磨会了。爷爷会理发，当他为爸爸理发时，会顺便帮助村子里的小孩子免费理发，所以，每当爷爷为爸爸理发的时候，爷爷的身后都会排着一长队小伙伴。很不可思议的是，爷爷会给自己理发，他一辈子几乎从没有花钱让别人帮自己理过发。爷爷是村子里的电工，他可以爬到高高的电线杆上去架电线，三天两头都会有人家来请他帮助修理电路、安装电灯之类的；爷爷还是生产队磨坊的主管，这几乎是他后半辈子的主业，他手艺高超，碾米、磨面、打糠的水平很高，所以周边十里八乡的乡亲们都会远道来找他帮着加工，而爷爷总是保持对客户的足够热情与耐心。因为要管理磨坊，所以爷爷学会了机械修理，甚至变压器、电机等技术难度很高的机器，爷爷也会修理。爷爷还会做家具、盖房子。爷爷还是篾匠，会编织箩筐之类的竹制品。爷爷还会修理收音机、闹钟、手表……在爸爸眼里，爷爷是万能的，是无所不会的。事实上，爷爷也确实是这样的能工巧匠。所以，年轻时候的爷爷，人缘特别好，朋友遍布十里八乡。连住在养老院里的盲人小潘，一位来自江西的中年人，都成了爷爷的朋友。

爷爷从师范学校离校返乡后，因为是村子中少有的"知识分子"，而且人缘又好，所以就被上面看中了，想重点培养他，作为生产大队干部的后备力量。当时还是人民公社时期，生产大队是人民公社的下级管理机构，要管理若干个生产队。按照上面的安排，爷爷很快入了团，并担任了生产大队的团支书。那时还是"以阶级斗争为纲"，在这样的气氛下，生产大队和生产队都要定期或不定期地召开声势浩大的批斗"地富反右坏"的活动。一直到1970年代，这样的活动都还会搞，爸爸在四五岁的时候，还亲眼见过类似的批斗会。批斗会是真要打人的。爸爸至今还记得被打的地主们大声哀嚎求饶的声音。

爷爷是生产大队的团干部，批斗会他必须参加。这令他非常为难：因为他不想打人。即使是地主之类的所谓坏分子，他也不忍心用自己的脚去踹他们，用鞭子去抽他们，用棍棒去打他们。爷爷就想出了一个招：每次开批斗会，他会用"巨大"的声音去训斥被批斗对象，表面上表现得非常积极，但他有一个原则，就是绝对不动手打人，哪怕是用一根手指去触碰一下被批斗的人。很快，那些被批斗的人发现了爷爷的批斗技巧，会利用深夜的掩护，来到我们家向爷爷表示感谢。

但是，爷爷马上就面临着一个难题：他必须组织和参与对自己亲六叔的批斗。

亲爱的女儿，我们家在太爷爷辈之前，是一个非常大的家族。太爷爷的祖父辈、父辈，是当地有名的大户。我们的先辈们通过自己的勤劳与智慧，积累了巨大的财富——数以百亩计的土地，在巨大的库房里堆积成山的粮食……几乎有大半个村庄的田地都属于我们家，而且在外村也有咱们家的田地。到了太爷爷辈，咱们家人丁兴旺，太爷爷一共有兄妹七人，其中男丁有六人，太爷爷排名第二。也就是说，他有一个哥哥、四个弟弟和一个妹妹。等他们长大成家后，就分了家。土地和房产等平均分给了六位男丁。分家后，太爷爷赶上了当时的时髦，抽上了大烟（也就是鸦片）。新中国成立前，太爷爷和太奶奶名下的土地，基本上被太爷爷给变卖了去买大烟。或许是冥冥中老天爷对咱们家的特别关照吧，新中国成立后划分阶级，我们家很幸运地被划分到了根正苗红的贫下中农的阶级。而太爷爷的其他兄弟，尤其是他最小的弟弟，就很不幸地被划入了地主的阶级。所以，太爷爷最小的弟弟，就成了被"专政"的对象，必须接受贫下中农的批斗。

你爷爷怎么能够忍心去批斗自己的亲叔叔呢？经过多少个难眠之夜，爷爷终于决定了：放弃"仕途"。决定做出之后，你爷爷买了糕点，送到生产大队书记家里，诚恳地请求辞去团支书的职务。并表示，自己会干好磨坊主管的本职工作，为革命事业做出自己应有的贡献。看到爷爷去意已决，领导也没为难爷爷。从此，爷爷就成了一位普通的农村青年；与其他普通农村青年不同的是，爷爷有文化，身怀各种高超的技艺，是一位声名远播的能工巧匠。如果爷爷愿意批斗包括自己亲叔叔在内的地主们，凭借爷爷为人处世的能力，他说不定会成为人民公社乃至县一级的领导干部呢。但是，爷爷一直不后悔自己的选择，因为他服从了自己的良心。

　　那时，爷爷奶奶已经结婚了，并且陆续有了爸爸、两个姑姑和小叔叔。从仕途上退出的爷爷，把自己的全部身心，都用于养育和教育自己的儿女。功夫不负有心人，爷爷奶奶的四个子女中，有三个考上了大学，走出了小山村，走向了外面更宽广的世界。即使留在乡下老家的大姑，也在爷爷的扶持下，在当地过上了有尊严的生活。爷爷和奶奶用另外一种方式，实现了自己人生的成就。

　　爸爸在考入县城上初中住校之前，有很多与爷爷独处的时光。那时，爷爷会经常带着爸爸到山里去打柴，来回要一整天的时间。我们父子俩边跑山，边聊天。爸爸问爷爷："山谷那么深，到底是谁挖出来的啊？"爷爷就跟爸爸讲地壳活动的地理知识。爷爷对年幼的爸爸说："在遥远的北京，有一所著名大学，叫做清华大学。你长大了，要考上清华。"爸爸回答说："好的，我一定会努力的！"虽然爸爸后来考上的是武汉大学（按爸爸的高考成绩，也达到了清华的录取线。但是为了挑个好专业，爸爸选择了武汉大学——一所在中国同样名列前茅的重点大学）。

　　爸爸考上大学那年，你的小叔叔生病了，而且病得很严重。县里的医院无法医治，爷爷就只身带着叔叔到昆明的大医院去治疗。但是，所有的医院，都查不出叔叔的病因，所以也就无法对症治疗。叔叔得的是一种谁也说不清的怪病，病一发作，浑身上下除了头发不痛外，其他所有的部位都会疼痛难忍。叔叔经常会因疼痛而昏迷过去。叔叔就这么时好、时坏，好的时候就会回学校上学，坏的时候就到医院住院。在叔叔的病情最坏的时候，你的曾外公非常不忍自己的女婿和女儿受到如此痛苦的煎熬，甚至建议你爷爷奶奶把叔叔送到深山，任其自生自灭。但爷爷和奶奶没有放弃，无论多苦多累，他们都决心要咬牙坚持，治好你叔叔的病。

当时家里最大的困难是钱：一是叔叔的病，需要大笔的钱；二是爸爸上大学，每年也要一笔不小的开支。为了赚到钱，爷爷就自己开办了一个制作酱菜的小作坊。爷爷自己研发了制作老酱、豆豉、乳腐等食品的配料，生意居然很兴隆。就是靠着那个小作坊，爷爷自己身兼老板和工人的工作，没日没夜地苦干，终于让自己的家庭渡过了难关。爸爸大学毕业后一年，被病痛折磨了五六年的叔叔，居然无缘无故地好了，简直是个奇迹！叔叔病好之后，继续学业，考上了一所知名的医科大学。

做个善良的人，广结善缘，乐于助人；在生活最困难、最绝望的时刻，也要咬着牙坚持下去，是爷爷的生活大智慧。

奶奶的故事

爸爸对你奶奶的第一个记忆，是爸爸年幼时的一次生病。那天，年幼的爸爸发烧了，爷爷不在家，只有奶奶在家。那天，天上下着大雨，电闪雷鸣。奶奶看到爸爸病得厉害，就毫不犹豫地用云南特有的背小孩子的背包，背上爸爸，举着家里唯一的一把黑布雨伞，冒雨往公社的卫生院走去。也许是为了照顾周边的群众方便就医吧，公社的卫生院设在多个村子的中间的一个山谷里。

爸爸在奶奶的背上，除了外面的雨声，爸爸还能听到奶奶心跳的"砰砰砰"的声响。在大雨中，奶奶穿着凉鞋，吃力地走在曲折的山路上。她每走一步，都会踩出雨水四溅的特别声响。爸爸问奶奶："妈妈，您累吗？"奶奶说："儿子，妈妈不累。""我们快到卫生院了吗？""快了，快了，马上就到了……"

在上学和接受教育方面，奶奶有着和爷爷一样的遭遇。她从农村的小学，考到了县城的中学上初中。可惜的是，当时奶奶家里十分贫穷，实在拿不出钱来供她上学。当时，奶奶已经到城里的学校报到了，连床铺都铺好了。但是，一想到自己的父母挣钱的艰辛，她毅然决然地收拾好铺盖，回了家……

奶奶是个乐观的人。她年轻的时候，是村里的大美女，还是生产大队花灯队（花灯是云南特有的一种民间歌舞）的主力队员。奶奶天生一副好嗓子，歌声甜美动人。还记得去年（2016年）年初，深圳《晶报》的两位记者随咱们回老家采访的事吗？当摄影记者贾叔叔要奶奶唱几曲时，奶奶大大方方地对着镜头，欢快地唱起了她年轻时唱过的很多歌儿，引得见过大世面的贾叔叔都赞不绝口。

可以说，爸爸与奶奶可以称得上天底下最亲密的母子了。爸爸的整个学生时代，有啥心事，都会毫无保留地告诉奶奶。奶奶经常私底下跟爸爸说，爸爸是她的好儿子，听话、乖巧、懂事。尤其值得奶奶放心和骄傲的是，爸爸从小学习就非常刻苦与认真，学习成绩总是名列前茅，堪称"学霸"。在一个人的成长中，母爱的力量特别重要，而爸爸则得到了奶奶最深沉的母爱。奶奶给予爸爸的母爱，一直温暖着爸爸的心。

最令爸爸和周围乡亲感动的是，奶奶对自己的婆婆，也就是太奶奶是十分孝顺的。奶奶对太奶奶的照顾，可谓无微不至，堪称婆媳关系的典范。奶奶会为自己的婆婆洗衣服；当太奶奶到了90岁高龄，无法自己洗澡了之后，奶奶会定期帮助自己的婆婆洗澡。爸爸自记事以来，从未听到过奶奶和太奶奶有过任何争吵。奶奶的孝顺，还延伸到了对自己老舅爷爷（也就是你爷爷的舅舅，爸爸叫他舅爷爷）的照顾上。在老舅爷爷健在的时候，奶奶每年春节前都会到他家，帮助他洗、晒被褥和衣服，直至他95岁高龄去世为止。如果不是奶奶对太奶奶的孝顺与关怀，太奶奶是无论如何也活不到101岁的高寿的。

一对夫妻能够相濡以沫50余年，必然有一方要做出一些谦让。而在爷爷和奶奶之间，谦让的一方是奶奶。每当爷爷因为过度辛劳等原因，对着奶奶发火时，奶奶从来都是沉默以对，事后再劝解和宽慰爷爷。所以，爸爸从来未见过他们吵过架。有人说，一位好媳妇，幸福三代人。奶奶就是这样的好媳妇，她以自己的爱心、谦让和孝顺，让太奶奶、爷爷和爸爸兄妹四人，三代人能够在那个物资匮乏的年代，获得了最大的幸福。

作为柔弱的女人，奶奶也哭过。记得是在你叔叔生病期间，在我们家最艰苦的那段日子里，心里承受着巨大压力的奶奶，在一次扫墓时，坐在爸爸的外婆的坟头，在空旷的大山里，在大山的凌凌冷风中，放声悲哭……

奶奶是一位特别会说话的人。她是一位天生的演说家。而且，奶奶常在与别人的交流中，随口而出地引用许多生动的俗语。当奶奶去劝慰邻里吵架的两兄弟时，她会说："打虎要靠亲兄弟，上阵须得父子兵。"当奶奶教育爸爸不要对别人硬对硬地交谈时，奶奶告诉爸爸："软绳（说）能拴猛虎。"（在云南方言里，"绳"和"说"是同音字，意思是说与人交流要好言好语，方能打动对方。）最令爸爸感动的是，当爸爸跟妈妈结婚的时候，奶奶专门把爸爸叫到一间屋子里，对爸爸说："我的儿呐，从此以后，你要好好与自己的另一半过好日子。从现在开始，你与爸爸妈妈的情分只有针这么长，而你和自己的另一半的情分，却是线那么长啊！"奶奶一边说，一边用两只手比划着针的长度和线的长度。爸爸听了，内心无比难受。天底下，再也没有这么好、这么善解人意的母亲了……

　　亲爱的女儿，人生既漫长，又短暂。如何过好自己的日子，把自己的日子过得红红火火、有滋有味，是一门大学问，需要大智慧。爸爸的这封信，可以算做是你未来独立生活的生活智慧指南。"行善积德"是我们家的家风。希望你能从长辈的生活经历中，汲取生活的智慧，过好你未来的日子。

　　祝你好运！

　　　　　　　　　　　　　　　　　爱你的爸爸

　　　　　　　　　　　　　　　2017 年 1 月于家中

第十四封信
梦中的乡村，衰败的农村

亲爱的女儿：

你好！

你能够出生在繁华的大都市，是爸爸努力的结果。

在爸爸那个年代，国家尚未实行九年义务制教育，大部分的农村孩子，小学毕业如果考不上初中，就意味着回家务农了。1983年，爸爸小学毕业的时候，县里只有两所中学，各招四个班的初中学生，很多乡镇还没有设立初级中学。所以，初中总共只有八个班，每班大约50名学生，一共400余人。由此可见，一个县的孩子们，只有这么微小的机会，能够进入具备良好教育条件的初级中学继续学业（部分乡村的小学会附设初中班级，但教学水平很低，它们的学生大多数是难以在未来的中考中，考到县城高中的）。所以，那时的孩子，每往上升一个台阶，都意味着残酷的竞争，都有着过独木桥的心态。

爸爸参加小升初考试的时候，附近好几所小学的学生，有400来名吧，集中在一个学校考试。后来，据了解，与爸爸一起参加升学考试的孩子们，不到 10 人能有幸进入县城的中学深造，而爸爸是其中的幸运儿，而且爸爸分数最高，爸爸正式进入宜良二中的初 36 班学习时，是这个班上升学考试成绩最高的。

在中国，一个人出生在大城市，还是偏远的小山村，他未来所能得到的机会存在很大差别。即使到了现在，也没有根本的改变，而且这种差别甚至比爸爸那个时代扩大了。这些年，考入清华、北大这样顶尖高校的学生构成中，来自农村的生源所占的比例持续在降低。

爸爸今天给你的这封信，不谈教育，也不谈城乡差别。爸爸想跟你谈的是爸爸所亲历的农村生活，让你了解农村。中国人讲究寻根。爸爸生活的那个村庄，不但是爸爸的根之所在，也是你和弟弟们的根。

在爸爸的理解中，乡村是一个美好的词语，它代表着绿色、美好、宁静、安详，它是一个可以安放大都市里的浮躁灵魂的归宿。与爸爸带你去过的日本、瑞士、英国的乡村一样，爸爸记忆中的乡村是多么的美好——清澈的小溪，宁静而宽广的湖泊，整洁而干净的柏油小道，布局合理的乡间小屋，布满了鲜花的窗台，清新甘甜的空气，到处飞翔的小鸟，洒满阳光的青草地，一望无垠的田野……直到 14 岁以优异成绩从宜良二中考到昆明一中上高中之前，爸爸都是生活在那个乡村里（虽然到县城上初中要住校，但爸爸每个周末都会回到乡村）。

儿时的乡村

爸爸童年时代生活的村庄叫做下栗者，坐落于县城正北面 6 公里、昆明东北方向约 60 公里处。她像一头安详的水牛，静静地躺在宜良坝子里——所谓坝子，是指高原上的小块平原。宜良坝子是一个由北往南呈长条形的小平原，东西两面相对狭窄，是高高的、长长的山脉，犹如两条巨龙一样，守护着宜良。爸爸村庄正西面山脚下，是著名的滇越线，也就是爸爸每次回家都要带你和妈妈、弟弟们去玩耍的"小米轨"。紧贴着村庄东面，是一条名为"西河"的小河。小河的源头是村庄北面十多公里外的阳宗海。说是海，其实是一个湖泊。在交通极为不便的年代，闭塞的云南人就把"湖"称作了"海"。比如大理的洱海其实也是湖，而非"海"。西河可谓是宜良坝子的母亲河，每到耕种时，水流湍急，声如咆哮的老虎，灌溉着两岸的万顷良田；秋、冬天的时候，则细水潺潺，清澈见底的河面上，成群结队的鹅和鸭子悠闲地浮在河面上游来游去，享受着属于它们的宁静时光。尤其是初冬的早上，暖暖的冬阳穿透河面上薄薄的雾气，把河面照射得异常明亮。这个时候，河底墨绿色的、长长的苔藓随着缓缓流动的河水轻轻地摇摆着，鱼儿们则在苔藓里游出游进，高兴得像过年一样。

西河的两岸，长着高高的柳树。西河流经村庄的东岸边，则长着十多棵高耸入云的清香树。爸爸只在自己的村庄边上见过这么大的清香树。这十多棵树都是千年古树，树干很粗很粗，要五六个成年人，才能合围。主干的上面，分出无数的枝干；无数的枝干，又分出无数更加细小的枝条。从树下往上看，枝叶密密麻麻的，浓荫密布，几乎都看不到天空。

乌鸦最喜欢在清香树的顶上筑巢，每棵巨大的树上都会有两三个乌鸦的巢。它们高高在上地生活着，生儿育女，居高临下地俯视着人们。尽管人们似乎并不喜欢乌鸦，但由于它们居住得太高了，谁也拿它们无可奈何。

还有老鹰。老鹰飞得极高。这种鸟大概是爸爸见过的飞行技能最高的鸟类了。它们可以箭一样地俯冲下来，把地上的鸡，像拎一只麻雀一样，瞬间就叼走了。它们还会在高高的、蓝蓝的天空中迎风逗留，如一架小型滑翔机，展开巨大的翅膀，翱翔于蓝天。

人们最讨厌麻雀了。甚至比讨厌乌鸦还要讨厌。因为它们会成群结队地飞到快要成熟的稻田里，偷吃粮食。人们会在稻田里竖起很多稻草人。可是，那没用，麻雀们根本不惧怕稻草人。所以，村里就会安排未上学的小孩去赶麻雀。爸爸就干过这个活。如云的麻雀群飞来了，爸爸就会拿起火药枪，朝着麻雀们的方向"当"地开一枪。它们就被枪声吓跑了。那是一个非常寂寞的活计，空旷的田野里，炎炎的烈日下，除了麻雀偶尔的吵闹声，四周万籁俱静，连个说话的人都没有。此时，爸爸就玩泥巴，把泥巴揉得像面团一样柔软，然后捏成一个个小人，放在太阳下晒干。

人们最喜欢的鸟类是喜鹊和燕子。尤其是燕子。它们不像讨厌的麻雀一样偷吃粮食，却专门捉田野里的害虫。而且，燕子飞来了，春天也就来了。爸爸在自己家门侧的墙上，用树枝搭建过一个小小的平台。没几天，就有一对燕子飞来筑巢。春天是一个繁忙的季节，田野里都放进了水，春耕就这么开始了。爸爸的两只小燕子，每天都忙得不得了。它们双双地飞到田野里，一嘴、一嘴地衔来泥巴，日复一日地搭建它们的窝。大概半个月后，一座小小的、月牙一样的巢就建好了。它们还会衔来一些柔软的干草和羽毛，垫在自己的窝里，温馨得不得了。一切都准备就绪，爸爸的燕子们开始生儿育女了。雌燕生下四枚蛋，夫妻俩轮换着孵化。21天后，小燕子就会挤破蛋壳，出生！孩子的出生，使得小燕子一家变得热闹起来。从清晨开始，燕子宝宝们就开始了一天吵吵嚷嚷的、生机盎然的快乐生活。它们的父母又开始忙碌起来，每天都要无数次地往返于田野和自己的家，从田野里捉来各类美味的虫子，轮流喂给燕子宝宝们。每当自己的爸爸或妈妈叼着虫子飞回家，小燕子们就"叽叽喳喳"地呼唤着自己的爸爸妈妈，张开它们粉红色的小嘴，期待着爸爸妈妈把虫子喂给自己。

转眼之间，春天过去了，夏天也就来了，小燕子们都长大了。它们在父母的带领下，很快学会了飞翔。飞翔是一件多么快乐的事情啊，那么的自由，那么的酣畅，那么的无拘无束。燕子一家，早出晚归，每天都在稻田的上空飞啊飞啊，享受着它们的天伦之乐，享受着属于它们的蓝天、白云和明媚的阳光。每天傍晚，所有的燕子都回来了。倦鸟归巢，心满意足。在夕照之下，上百只燕子整齐地排列在我们家门前的电线上，絮絮叨叨地交流着，直到天黑了，才依依不舍地各自回到自己的家里。每当这个时候，爸爸和叔叔姑姑们就会和劳累了一天的爷爷奶奶，以及邻居们，围坐在院子里纳凉，听燕子们歌唱。燕子们很快乐，我们也很快乐。

秋天来了，天气逐渐变冷了。爸爸的小燕子们要暂时离开爸爸，到更加温暖的地方去过冬。当燕子们都飞走之后，看着空空的巢，爸爸会变得怅然若失。要到来年的春天，燕子们才会重新归来。年幼的爸爸时常会想：可爱的小燕子是如何能飞到千里之外？又怎么能在来年的春天，准确地回到自己在云南的老家？

秋天是爸爸最喜欢的季节。西河里的水流变小了，成了涓涓细流。爸爸会赤着脚，到河里玩耍。河里的小鱼们，会用它们的小嘴，轻轻地咬爸爸的小脚，痒痒的、酥酥的。每每这个时候，人们吃完晚饭，呼朋引伴，来到西河旁，坐在裸露的、盘根错节的清香树树根上聊天。每棵清香树的树根都很庞大，足够一二十人坐在上面。人们远远地看着田野里金黄、金黄的稻子，如铺在田野里巨大的金色地毯，一望无垠。他们呼吸着清凉的、带着稻香的空气，内心充满了即将收获的喜悦。

中秋一过秋收就开始了。村庄里有十多个大大的晒谷场，都是土面的。为了不让泥土和碎石子儿混到谷子里，人们把晒谷场打扫得干干净净，然后把牛粪兑了水，用扫帚把稀释了的牛粪涂在晒谷场上，晒干。一切准备就绪，就可以收割稻子了。

收割稻子的第一步是"空沟"。所谓"空沟"，就是把稻田里的水放干净。爸爸最喜欢的就是"空沟"，因为那时的稻田里，会有很多很多的鱼。爸爸跟着自己的舅舅，拿着筛子和鱼笼，一大早出发。爸爸的舅舅在稻田朝向灌溉渠道的方向，挖开一道口子，用筛子把口子拦上。稻田里的水，就开始"哗哗哗"地往筛子里流。很快，各种各样的鱼儿就顺着水流，往筛子里拥。爸爸忙得不可开交，拼命地把筛子里的鱼儿抓了放到鱼笼里。一个上午的工夫，稻田里的水流尽了，爸爸能收获满满两鱼笼的鱼儿，沉甸甸的。爸爸的舅舅挑着两鱼笼的鱼儿，送到我们家里。每到这个时节，都是我们家最快乐的日子，因为在那个物资匮乏的年代，鱼儿是我们难得的美味。

逝去的乡村

1986年，对于爸爸来说，是一个具有转折意义的年份。

这一年，爸爸以优异的成绩，考入了昆明一中。当年，全县考入昆明一中的，也仅有十位同学。从此，爸爸正式走入了大城市，并与村庄渐行渐远。但是，爸爸的根，还是在那个村庄。爸爸也一直以儿时的村庄作为样本，持续地关注着农村的变化。从1986年开始到现在，爸爸已经离开村庄整整30年了，而这个爸爸魂牵梦绕的村庄的变化，却是令人悲伤的。

有一次，爸爸回老家探望爷爷奶奶和大姑一家，到西河边的路上散步，看到有人用电鱼机沿着河电鱼，还有人用炸药炸鱼。河里的鱼儿再多，哪经得起人们这么折腾啊！没两年，西河里的鱼儿就绝迹了。水照样流，但是没有了鱼虾、泥鳅和鳝鱼的西河，自然就没有了生命。那两家利用电鱼机电鱼的人家，的确是发了财，都建起了宽敞明亮的新房子。

更遗憾的是，他们建房的地方，就是在当年村子里的晒谷场上。村庄中间的那十多块宽阔的晒谷场，在不知不觉间被房子占据了。如果爸爸幼时的村庄是一幅优美的、有留白的中国画的话，那么，那些留白（也就是晒谷场）如今被一些贪婪的村民胡乱涂抹得面目全非。整个村庄因此而变得拥挤不堪。村中的主路，本来还算宽阔，但是现在两边的人在扩建自己的房子时，路被占用和挤压得变窄了。

爸爸总结了一下这些变化的原因，觉得主要是因为联产承包责任制实行之后，村民们不再有"组织性"了。其实以前中国的乡村是有"组织性"的。费孝通先生在《乡土中国》一书中谈到，那时的乡村，是由乡绅和家族来治理的。乡绅和家族的族长在当时的乡村治理中，具备很高的威望。爸爸在大学时，阅读到了一本可以传世的长篇小说《白鹿原》，作者是著名作家陈忠实先生。在这本书中，就生动地描写了中国在 20 世纪初期由乡绅和族长管理下的乡村，井然而有序，包括族长和乡绅作为道德楷模在乡村中树立的无形和有形的力量，使得千百年来中国的农村一直能保持基本的秩序和道德。

据村里的老辈人说，老太爷爷（爸爸的太爷爷），就在村子里具有崇高的威望。在调节村民纠纷等事务中，有说一不二的权威，因为他能够秉公办事，保持公正和中立，所以能服人。据老一辈人说，我们本来是有族谱的，记述了从明代到 20 世纪中叶，家族由南京迁来云南戍边的历史。可惜，这些珍贵的族谱，在后来的"破四旧"运动中，被付之一炬……

稻田中，也不再有鱼儿的生存空间。在爸爸年幼的时候，种田所用的肥料，还是以农家肥为主。后来，人们为了追求高产，也为了节省人力，大量地使用现代工业制品参与到耕种的过程中，如化肥、农药、除草剂等化工产品，土质也逐渐变差。村子周边的地形、地貌也在人们的"修理"下，逐渐在变化。比如，在村庄的东北角、西河的东岸，原来有一座石拱桥。那座石拱桥很美，是西河水流向村子东面万亩良田的出水口，是在古代就建造了的水利工程。小时候，爸爸经常看到来自昆明学美术的师生们，对着那座石拱桥写生，可见其优美的程度。不知是哪一年，爸爸回老家时，那座石拱桥不见了……

最令爸爸震惊和悲叹的是，有一年回老家，发现西河岸边那十多棵千年古清香树，全都不见了！原来，是西河西岸，也就是爸爸的村庄所在的那一侧的人家新建了房子，他们为了把大门开向东边，就把那些千年古树全砍掉了，以便于他们建桥。为了把盘根错节的巨大树根除掉，他们甚至动用了炸药。这些已经在爸爸的村庄生存了千年，代表着村庄的悠久历史、美化了村庄的古树，就在人们的自私、贪婪和无知中，彻底地消失了……随着那批千年古树消失的，还有那个村庄的精气神和灵魂。村庄，从此再也不是以前的那个村庄了。

慢慢地，村庄和田野中的鸟儿也变少了。原来，村民们为了避免自己的稻子被麻雀骚扰，就在田野间撒了很多有毒的谷子。麻雀们哪里知道人类的阴谋啊，他们还以为是美味呢。就这样，麻雀就基本绝迹了。燕子也似乎变少了。据奶奶告诉爸爸，在她年幼的时候，村边的树林里还有成群结队的白鹭。它们为什么跑了呢？一直是个谜。

再后来，爸爸的村庄也消失了。村民们祖祖辈辈赖以生存、刨食的良田，近年来也被房地产商和县属的监狱以每亩数万块人民币的微小代价征用了。那片曾经是生机盎然的希望田野，那片爸爸曾经守候过的田野，已经被钢筋水泥所代替。爸爸的父老乡亲们，从此也变成了失地农民。他们或许是无知、贪婪和自私的，但他们至少也还曾经是勤劳、善良的，千百年来他们都有土地可以依靠。而如今，失去了土地的他们，剩下的就只有一排排钢筋混凝土。生活还得继续，日子还得过下去。失去了土地的农民，还叫农民吗？没有知识，没有技能，没有勇气离开家乡到大城市去打工的他们，还有未来吗？

爸爸今天就跟你聊这么多吧。如果爸爸今天不为你留下这些文字，你是永远不会知道，爸爸童年的村庄，曾经是一片怎样的存在。

祝你好运！

爱你的爸爸

2017 年 1 月于家中

第十五封信
爸爸的"上学记"

亲爱的女儿：

你好！

爸爸在给你写这封信前，到百度上搜索了一下"上学记"这三个字，居然搜到了无数本带有"上学记"这三个字的书籍。

先辈们的"上学记"

爸爸曾读过的，最有名的是何兆武老先生的《上学记》，讲述的是战乱时代，作者从敌占区到昆明西南联大求学的经历。何兆武教授的这部口述著作是一部20世纪中国知识分子的心灵浓缩史。它叙述的尽管只是1920年代—1940年代末他学生时期的陈年往事，却蕴含着一个饱经沧桑的老人对整个20世纪历史的反思。对我们重新认识过往、观察现在以及展望未来都有着重要的意义，这大概是这本书能够激起爸爸共鸣的主要原因。这本书同时又很个性化，何先生不惮于表露自己的真情实感，不忌讳议论先贤的道德文章，既树立了理性的尊严，又使自己的性情展露无遗。在目前这个功利涛涛的世界里，何先生对知识与真理的热忱仿佛一股清泉，可以冲洗那些被名利熏染的心灵，使其复现润泽。这也是老一代知识分子风范的存照。任何津津乐道于名人八卦消息的解读，都大大偏离了何先生的志趣。久已厌倦标签化历史著作的爸爸，从这本书中获得丰富、鲜活的历史体验。而其他人，特别是今天"上学者"和"治学者"，或可借此思考一下，学习应该如何上学、如何治学。

对于何兆武老先生的《上学记》，爸爸不知读了多少遍，其中的很多"妙语"，爸爸几乎到了可以把它们背下来的地步。比如，何老在他的《上学记》里说道：

"对一个学人应该有两种评价，或者说有两种标准，一个是学术研究方面，看他是不是有贡献，另外一个标准就是他对时代的影响。有很多人对时代的影响太大了，包括梁启超、胡适，他们影响了整个一个时代的风气，就不宜单从专业的角度来衡量。他们在某一个专业的研究上可能未必有多大贡献，可是他们对于整个时代的影响实在太大了，包括郭沫若在自传里都讲，他们那个时代的青年几乎没有不受梁启超影响的。"

他还写道：

　　"包括现在也是这样，我们总有一种落后的农民意识，老想着拼命，强调'吃大苦，耐大劳'，可是进步不能光靠这个，不然整个人类文化能进步多少？"

　　何老的《上学记》，说是上学，其实文字里夹杂着很多极为精彩的言论，给人以无限的启迪。可惜的是，他的书只写到新中国成立前。之后的事，他没有多说一句。

　　另外，爸爸最喜欢的作家之一汪曾祺老先生，同样是西南联大的学生，他写过很多篇关于他在昆明西南联大上学时的故事的散文，比如《跑警报》《昆明的雨》等名篇，这些文章结集后，汪老出版了一本散文集，名字叫做《蒲桥集》，你也可以把它当成一本《求学记》来看待。爸爸特别喜欢汪曾祺的散文，其风格极为朴素，不像朱自清、郁达夫等作家那样，用很多华丽的文字来装饰自己的文章，而像跟老朋友聊家常一样，娓娓道来。读完后，爸爸合上书本，仰望星空，久久陷入沉思中。爸爸的一些散文，就深受汪曾祺老先生的影响，比如爸爸写给你的第九封信里的《里仁街》和第十封信里的《端午的花街》两节短文，很多人读过之后，都认为与汪老的散文风格神似。

　　《跑警报》的文末，是这么写的：

　　"日本人派飞机来轰炸昆明，其实没有什么实际的军事意义，用意不过是吓唬吓唬昆明人，施加威胁，使人产生恐惧。他们不知道中国人的心理是有很大的弹性的，不那么容易被吓得魂不附体。我们这个民族，长期以来，生于忧患，已经很'皮实'了，对于任何猝然而来的灾难，都用一种'儒道互补'的精神对待之。这种'儒道互补'的真髓，即'不在乎'。这种'不在乎'精神，是永远征不服的。

"为了反映'不在乎'，作《跑警报》。"

在这样的环境之下，西南联大的师生们还继续学习，还在以一种"不在乎"的心态来看待恶劣的战争环境。难怪，西南联大成为世界高等教育史上的奇迹。

另外，爸爸还要向你推荐一本名字叫做《巨流河》的书。这本书是爸爸武汉大学的学姐、现居台湾的齐邦媛女士的力作，你也可以把它当作一本《求学记》来看待。因为，《巨流河》一书中，有相当一部分文字，是讲述抗战时期，武汉大学南迁到四川乐山文庙时，她的求学生涯。还记得吧，去年（2016 年）年中，爸爸曾经带着你和妈妈以及你的两位弟弟专程到乐山文庙去朝拜的事吧？

同样是在兵荒马乱的年代里上学，齐邦媛在她的《巨流河》中写道：

"每天清晨升旗典礼，师生唱着共同命运写照的校歌（郝泠若词，马白水曲）：白山高黑水长，江山兮信美，仇痛兮难忘，有子弟兮琐尾流离，以三民主义为归向，以任其难兮以为其邦，校以作家，桃李荫长，爽荫与太液秦淮相望。学以知耻兮乃知方，唯楚有士，虽三户兮秦以亡，我来自北兮，回北方。"

她还说：

"我希望中国的读书人，无论你读什么，能早日养成自己的兴趣，一生内心有些倚靠，日久产生沉稳的判断力。这么大的国家，这么多的人，这么复杂，环环相扣的历史，再也不要用激情决定国家及个人的命运；我还盼望年轻人能培养一个宽容、悲悯的胸怀。"

这些书，家里的书房里都有，爸爸希望你能找来看看。爸爸之所以不读现在流行的电子书，而是一直坚持买纸质书、读纸质书，是希望这些经典的书籍，能够流传下来，等到你和弟弟们长大了，就能读一读爸爸曾经读过的书——经典的书籍，是永远不会过时的。爸爸之所以把上述三本书特别告诉你，是希望你有机会了解一下，我们的先辈，即使是在国难当头的苦难日子里，为了民族文化和民族精神的传承，他们也不会中断求学——弦歌不辍，奋斗不息。

温泉小学

1978年，爸爸七岁，该上学了。在正式上学之前，爷爷奶奶已经提前借了你表姑（爸爸表姐）一年级的课本，教爸爸认字。爸爸印象很深，表姐的语文课本，还是"文革"时期的版本。书的扉页，是一段毛主席语录。爷爷告诉爸爸，毛主席的语录，很重要，要求爸爸背诵下来。于是，爸爸就背会了人生里的第一段文字："毛主席语录：我们的教育方针，应该使受教育者在德育、智育、体育几方面都得到发展，成为有社会主义觉悟的，有文化的劳动者。"所以，爸爸在上学前，已经认识很多字了。

爸爸的书包，是奶奶用一块深蓝色的布缝制的。爸爸非常希望奶奶能够帮爸爸买一个当时非常流行的、上面写着"为人民服务"的帆布书包；爸爸也渴望奶奶为爸爸买一个铁皮的文具盒。但是，为了省钱，奶奶没有答应爸爸的要求。她对爸爸说："学习好，比什么都重要。"爸爸很听话，也知道爷爷奶奶的艰辛。

爸爸的第一任老师，是村子里的一位叫做李炳昌的年轻人。炳昌老师是一位患有小儿麻痹症的残疾人。但他是一位多才多艺的人，写得一手好书法，会弹奏琵琶。教室是位于村子中间的一间平房。教室非常简陋，书桌更为简陋，两端用土基砌起来的支撑体，把一块块长条形的木板搭在支撑体上，就是我们的书桌了。但是，在炳昌老师精心布置下，简陋的教室也显得整洁、庄严与肃穆。黑板的正上方，并列挂着毛主席和华主席的标准像；黑板的两旁，挂着加法口诀、乘法口诀之类的教具。他非常负责任地履行着自己的使命。他的工资是按生产队壮劳力的标准，每天挣 10 个工分。

课本发下来了。语文书上的字，除了拼音之外，爸爸基本上都认识。有一篇课文，爸爸现在都还背得出来：水有源，树有根，毛主席的恩情比海深。"你办事，我放心"，为我们选定了带路人。华主席，真英明，除"四害"，为人民。我们紧跟华主席，高举红旗向前进！

炳昌老师很会调动同学们的积极性。有一天晚饭后，他为大家补课，可邻村要放映露天电影，大家的心思早就飞到电影场上去了。他很有办法，带了一副扑克牌，和一盒火柴。开始上课了，他对大家说："想不想看老师为你们表演魔术？"大家齐声喊道："想！"他就用他带来的道具，为大家表演了几个魔术。他神奇的表演，一下子把大家的心抓回了教室，忘记了外面的电影场，全身心地投入到了课堂上。

二年级的时候，有一篇课文叫做《雾》。文章虽然不长，但写得非常优美：晨雾和晨雾中远处的塔。文章很有画面感。恰好是深冬时节，那天早上也恰好有雾，炳昌老师就带着我们到西河的河埂上，面向东方广阔的田野和远处隐约可见的山，进行观察。晨雾笼罩着整片的田野，微风吹来，雾气被吹得飘来飘去。同学们发现，原来自己的家乡也如课本上描写的那样，宁静而美丽。

炳昌老师的卧室，也是办公室。午饭后、上课前，爸爸和同学们都喜欢到那里玩。老师的书桌上，摆满了书籍和作业本。每每这个时候，炳昌老师就取下挂在墙上的琵琶，他弹，我们唱："小鸟在前面带路，风儿吹向我们。我们像春天一样，来到花园里，来到草地上。鲜艳的红领巾，美丽的衣裳，像许多花儿开放！跳啊跳啊跳啊，跳啊跳啊跳啊。亲爱的叔叔阿姨们，同我们一起，过呀过这快乐的节日……"

1979年，对于中国来说，是一个重要的年份。这一年，中越边境爆发了著名的自卫反击战。这场战争，一直持续到爸爸初中毕业，成为爸爸生活和学习的时代大背景之一。班上转来了两位来自边境的同学，我们听他们讲述来自前线的见闻。

两年后，爸爸和同学们告别了炳昌老师和那间简陋而令人难忘的教室，集中到生产大队的中心小学学习。当时的小学，实行的是五年制教育。所以，爸爸小学剩下的三年，就在邻村的一所叫做温泉小学的学校学习。

说说爸爸的学习成绩吧。整个小学时代，爷爷奶奶对爸爸的要求是，语文和数学两门主科，每次考试每门功课的成绩都不能低于95分。这一要求，爸爸几乎都达到了，甚至是超额达到了。爷爷奶奶对爸爸还有一个要求，寒假或者暑假，都要把下学期的课本借来，首先自学一遍。爸爸很听话，也做到了。有三件事，爸爸也要特别跟你说说。第一件事，就是每次期末考试，全公社（后来改叫乡，是县以下的一级行政机构）都要对同一年级的学生成绩进行大排名，令爷爷奶奶和爸爸骄傲的是，在所有期末考试的排名中，爸爸都取得了全公社（乡）同年级的第一名。第二件事，大约是爸爸出色的成绩的缘故吧，爸爸在四年级的时候，获得了爸爸迄今为止最高的荣誉，即"云南省三好学生"。为此，学校还举行了隆重的表彰仪式，爸爸还在全校师生大会上做了发言。第三件事是，爸爸上三年级的时候，在学校举办的全校性作文比赛中（当时的温泉小学还有附设的初中，共三个年级，每个年级一个班），以90分的高分获得了全校第一名。为此，爸爸还得到了一本《优秀小学生作文选》的奖励。爸爸如获至宝，因为，那是整个小学时代，能够读到的几乎是唯一的一本课外书，令爸爸特别感动的是，后来爸爸知道，爸爸和其他成绩优秀的同学，每学期"三好学生"的奖品，都是学校的老师们在生产大队分给他们的自留地上种菜卖掉换钱买来的！直到现在，每当爸爸想到这件事，都极为感动——小学老师们，是一群多么可敬、可爱和乐于奉献的好人啊！其中，在四、五年级担任爸爸语文老师和班主任的朱永才老师，一位刚刚从解放军二炮部队退伍的军人，对爸爸特别好。他经常找爸爸谈心。由于他是在湖南服的役，他的见识要比其他老师广得多。所以，朱老师能够讲出更多的见闻来，大大激发了爸爸要走出去、走到外面更宽阔的世界去的决心。

亲爱的女儿，你现在正在上小学五年级，再有一年半，你就要参加小升初的考试了。爸爸妈妈的智商都不低，分别毕业于武汉大学和华中科技大学，都是在全国排名前列的名校。你也完整地遗传到了爸爸妈妈的优点，人长得漂亮，也非常的聪明。但是，你的缺点也如你的优点一样突出。你的缺点是，学习不自觉，不能坚持和勤奋。目前，你连做作业都要妈妈陪着、督促着，需要爸爸和妈妈苦口婆心地教你。你一旦认真起来，考试成绩就会很优秀；但你一旦懒散起来，成绩也会掉得很快。爸爸之所以花费很多的时间，放弃了很多个周末和假期的休息，来给你写信，就是希望能够唤醒你内心的自觉力。女儿，你不会让爸爸失望的，是吧？

宜良二中

正如在上一封信里告诉你的一样，爸爸从众多农村孩子里脱颖而出，顺利地考入了县城的宜良二中，并被分到初 36 班学习。到了新的班级，爸爸才知道，爸爸的升学成绩，居然名列全年级第一。爸爸有个特点，希望你能够学习，那就是，在每一个学习阶段，都会为自己树立一个目标，并为这个目标而持续努力。进入宜良二中之后，爸爸树立的目标是：要通过自己的努力，考上昆明一中！如果没有这个目标，初中的学习对于爸爸来说，是极为轻松的。但是有了目标，爸爸必须为此付出更多的努力。因为在当时，昆明一中分配给每个郊县的名额，也就区区 10 个。关于这段时期的"上学记"，爸爸主要跟你谈谈如下几个方面：

第一，学习成绩。入学后，爸爸很快就在宜良二中的四个班中成了"明星"。初中一年级的第一次期末考，包括语文、数学、历史、地理、英语、物理、化学等科目在内，爸爸以99分的平均分，名列全年级第一。

爸爸印象极深的一次考试，是初二时的一次几何考试。几何是需要极高的逻辑思维能力和空间想象能力的科目，对锻炼人的思维能力、提高人的综合素质有极大的促进作用，无疑是一门非常值得学习的课程。那次考试，题量特别大，难度也不小。两个小时的考试，爸爸仅仅用了一半的时间，就把题目做完了。认真检查一遍后，就交了卷。老师当场就为爸爸改了卷：99分。

学校有一年举行学习竞赛，并在当年的新年团拜会上举行隆重的表彰活动。爸爸在作文、数学、物理、化学、英语作文等所有科目的比赛中，都取得了前三名的名次，其中作文和数学为第一名。那年的新年团拜会，是在一个雨后初晴的下午，因为每门比赛都获得了名次，所以爸爸不得不反复地上台去领奖。

学习成绩优秀的背后，是爸爸艰苦的付出。因为有了一定要考取昆明一中的目标，所以爸爸对于学习一点都不感觉到苦和累。除了必要的身体锻炼，爸爸几乎把所有的时间都用于学习：上课专注，课余时间加强复习，多向各科目的老师请教。在学习的过程中，以及工作和生活的过程中，目标感是最重要的。目标，使爸爸生活得充实、有意义、有价值。目标感背后，是对未来美好生活的希望和追求——女儿，请牢牢记住爸爸的这句话。

　　第二，国家大事。爸爸上初二的一天上午的课间，学校喇叭里传出了喜讯："我军于今晨成功攻占了被越军占领的老山！"校园里顿时变成了一片欢腾的海洋……

　　后来有一天，爸爸和全校的师生们接到通知，第二天下午要到公路边去欢迎从前线撤下来的子弟兵。第二天，我们早早来到预定的公路边。凯旋之师来了，领头的是一队步伐整齐、英姿飒爽的官兵，后面跟着一辆辆载满了全副武装官兵的卡车。大家看到了自己的子弟兵胜利归来，说不出的高兴与激动：人们把鲜花抛向卡车，欢笑声、欢呼声和泪水弥漫在空气中。

　　第三，师生关系。初中的班级，是爸爸所待过的班级里师生关系最融洽的。很幸运的是，爸爸初二到初三的班主任胡峻崛老师，一位刚从曲靖师范专科学校毕业不久的年轻人，和爸爸形成了亦师亦友的关系。爸爸上初中时，是十四五岁的少年，胡老师当时也不过二十出头，年龄上并没有过多的差距。而作为十四五岁的少年，正是人生观、世界观形成的关键时期。可能是由于爸爸的成绩十分优秀吧，胡老师对爸爸十分关爱，他经常会与爸爸畅谈人生、理想等问题，解答了我当时很多的人生追求等方面的问题，成为爸爸少年时期的一盏引路的明灯。

　　第四，艰苦的生活。爸爸从初中开始就住校了。住校，就意味着很多的花销，主要是吃饭，和一点必需的零用钱。那个时候，一个月生活费十五块钱，就是很好家庭的孩子所能得到最高的生活费了，能吃得很好，还能有比较充裕的零用钱可以支配。那个时候，爷爷奶奶要抚养四个孩子，而且四个孩子都在上学，所以，经济压力是很大的。因此，爷爷奶奶每月只能给爸爸十块钱的生活费。这点钱，只够爸爸勉强吃饱饭，而且每顿饭只能吃一个素菜。爸爸那时已经知道爷爷奶奶挣钱的艰辛，每周末回家时，就带些奶奶做的咸菜之类的到学校。每到吃饭的时候，爸爸经常只花五分钱买饭，用从家里带来的咸菜下饭，生活十分艰苦。爸爸尽量会从吃饭的钱里，剩下一点点，买一些课外辅导书之类的"有用"的书籍，以帮助爸爸提高学习水平。

　　第五，课外阅读。上面跟你说过，爸爸在小学的时候，基本是没有课外读物的。到了初中，爸爸的老师们会在寒暑假的时候，借一些书给爸爸阅读。余雁飞是爸爸的语文老师，她就会主动地在放假前，把自己的书籍借给爸爸，比如《红楼梦》《三国演义》《水浒传》《钢铁是怎样炼成的》《简·爱》《悲惨世界》等中外名著，她也会把一大摞类似《读者文摘》这样的杂志借给爸爸。爸爸如今还十分感谢这些无私的老师们，让爸爸有了课外书可以读，大大开拓了爸爸的视野。

　　总之，初中学习虽然是轻松的，但是有了更高的追求目标，所以，爸爸依然是勤奋和刻苦的。学校的外面，当时还是一片片的田野，每天晚饭后，爸爸就会约上自己的同桌裴金才，到田野间的小树林里去看书，或是背诵英语单词，或是朗诵语文课文。爸爸还制定了详细的学习计划，并严格地按照学习计划来执行。三年的初中生活，就这么在苦读中过完了。考完中考，爸爸就十分自信地等待着昆明一中的录取通知书了。

昆明一中

　　1986 年 8 月，当爸爸接到昆明一中的录取通知书，并阅读到"诺贝尔物理学奖获得者——杨振宁博士的母校昆明第一中学欢迎你"这样的文字时，心情的激动是无以言表的。后来当我知道，闻一多先生、熊庆来先生等杰出人士也曾经在一中任教过，并且是一中的校友时，更加增添了爸爸的自豪感和荣誉感。校友，尤其是杰出校友，是一所学校天然的名片，而能如一中一样拥有众多杰出校友的高中学校，在中国也屈指可数。很有意思的是，当爸爸从昆明一中考到武汉大学——另一所名校时，闻一多先生也是爸爸的校友，并且在武大的樱园里，还竖立着先生的浮雕型塑像。当时的武汉大学，著名的教育家、社会活动家刘道玉校长刚刚离任不久，因此武大还挂着"高校教育领域改革开放的深圳"的光环。而爸爸，是沿着昆明一中铺就的道路，轻松地考到武汉大学的。

1986年的宜良与昆明，无论乘坐什么交通工具，至少都需要3个多小时；不像如今，从上高速到下高速，也就半个多小时的车程。所以，那时的宜良与昆明之间，是遥远的。往来两地之间，爸爸优先选择的是国内唯一的米轨火车，滇越线。印象中，滇越线上的火车还是早已成为古董的蒸汽机车。每学期往来于学校和家之间的旅程，如今回忆起来，还恍如梦境：小火车穿越于崇山峻岭，穿梭于一个又一个或短或长的隧道之中；火车启动时，车头要喷射出浓浓的水雾……那真是一次次美妙无比的、仿佛穿越历史时空一样的旅行！

那是一个多雨的秋季。昆明的雨一直断断续续地下了一个来月。昆明后来在爸爸的印象中，就是雨，挥之不去的雨和晨雾。

从一个小地方来到省城，还是有些刘姥姥进大观园的感觉，有一种从坐井观天到视野突然开阔、豁然开朗的感觉。印象最深的，是刚到校报到后的一个周末，一位市区的同学给了爸爸一张演讲会的门票。一位从澳大利亚旅行回来的学者，讲他出国的见闻与感受，地点在翠湖边的农展馆的一个厅。来听的人不少，二三十位的样子。1986年，能够出国，是一件很值得炫耀的事。那位学者用的是幻灯片，有如如今的 PPT，展示了澳洲美丽的自然风光，和一些著名城市的著名建筑。当他把雪梨（他是这么翻译的，如今大家都叫悉尼）歌剧院的照片展示在屏幕上时，爸爸深深地为它独具特色的建筑设计所震撼——原来，我们生活的世界是那么的丰富、多元、多彩！是的，爸爸必须珍惜在昆明一中的学习时光，爸爸要从一中开始，走向全国，走向全世界，去看看外面的世界，会是怎样的精彩……

昆明对于爸爸来说，的确还是一座陌生的城市。在那个有雨的季节里，爸爸利用课余的时间，如饥似渴地走遍了她的几乎每一个角落：云南讲武学堂、西南联大校址（云师大）、护国路、金马碧鸡坊、正义路、翠湖藏书楼、龙翔街、马市口……对了，翠湖藏书楼和龙翔街是沈从文和汪曾祺师生当年经常流连的地方。爸爸买了一本汪曾祺的散文集，阅读得津津有味。爸爸把汪曾祺书里写到的地方，都一一走了一遍，想象着在西南联大时代，龙翔街的哪个铺面，曾经是他们喝茶的故址。爸爸甚至去寻找过他们当年"跑警报"的路线！

昆明一中，是爸爸人生的一个重要的转折点。

张之仪是爸爸 86 级（1）班的班主任兼语文老师。1986 年的张老师，三十五六岁，年富力强，正是教育生涯里的黄金时间。其他科目，尤其是数学、物理、化学等理科类科目的成绩，爸爸在班上只能排到前六的名次，但是语文的成绩，爸爸基本上是第一名，尤其是爸爸的作文。

每周一次的作文作业，爸爸的文章都会成为班上的范文，由张老师在语文课上朗读。

张老师十分干练，她对学生以严格著称，很多同学都很怕她，但爸爸却不怕。对于张老师，爸爸内心里一直保有一种母亲似的感觉，因为她的年龄，大体上与爸爸的母亲差不多。可能是爸爸语文成绩好的缘故吧，张老师对爸爸特别关照；甚至到了高二的时候，班上已经有同学偷偷议论，说她对我特别偏心。高二那年，学校要求统一买班服，收款的事，张老师就交给爸爸来负责办理。那天，爸爸收完买校服的钱，逐一记好账，做到了账、钱相符后，已经是傍晚6点多了。怀里装着那么大的一笔钱，爸爸实在感觉不踏实，就借着已然朦胧的夜色，把钱和账目送到了张老师家里。她家刚好要开始吃饭，就硬是把爸爸留下来，在她家里吃了晚饭。不知道是什么缘由，这件事让班里的同学知道了，有人就以为抓住了张老师的确对爸爸偏心的"证据"。由于同学们为此私下议论得有些厉害，张老师还特地在班里的班会上说过这么一段话："我对班上的每一位同学，都是一视同仁的。但是，李映宏同学的作文写得好，我把他的每一篇作文都当作了范文在课堂上朗读，并非是我偏心，而是他的作文写得的确好……"当时，全国中学校园里，流行着一本叫做《中学生文苑》的刊物。有一天，有同学告诉爸爸，爸爸的一篇文章在《中学生文苑》上发表了。爸爸赶快找来那期刊物，爸爸的一篇名为

《母亲》的文章，的确是发表了。原来，是张老师把爸爸的作文向《中学生文苑》推荐了。那是班上同学中第一次有人在公开出版的刊物上发表文章。也许，张老师是为了证明爸爸的作文的确写得好吧。从此以后，说张老师对爸爸偏心的同学就没有了。

爸爸从小练习过书法，有点书法功底。有一次开家长会，张老师给爸爸布置在黑板上写上类似"热烈欢迎各位家长"之类的欢迎辞的任务。家长们陆续来了，有位家长说，黑板上的字写得好。张老师大声地把爸爸叫过来，告诉那位家长说字是爸爸写的，那位家长特意拉着爸爸的手，说了很多勉励的话，使爸爸感觉到了莫大的荣幸！

那些年，琼瑶的言情小说非常流行。有一天，爸爸前排的一位女同学偷偷把一本书拿给我，是琼瑶的《窗外》。爸爸第一次读琼瑶的小说，被小说里浪漫的故事深深吸引。周六上午上课期间（那时周六上午是要上课的），爸爸偷偷地把一张电影票塞到了那位女同学手中。那天的电影叫《欢颜》，是胡慧中主演的。电影的主题曲，一直到现在爸爸都还记得，歌词是三毛写的，叫《橄榄树》："不要问我从哪里来，我的故乡在远方。为什么流浪，流浪远方？流浪……"电影中，胡慧中飘逸的长发，和吉他弹奏出的迷人音乐，令人陶醉。

那是一个多么难忘的下午啊！可是，天下没有不透风的墙，爸爸的"地下"行为，很快就被张老师知道了。那是爸爸第一次也是最后一次被张老师极其严厉地批评。爸爸直到现在都非常感谢她"棒打"了我刚开始的青涩恋情。班上一位成绩非常好的同学，一位云南大学教授的儿子，就是因为谈恋爱一发不可收，严重影响了学习。后来，原本有能力上清华的他，只考上了一所南京的普通重点大学。

其实，爸爸的班级在张老师的带领下，是极为出色和团结的一个集体。高二下学期，昆明市举行中学生歌咏比赛。当时，张老师因胆结石住院了。同学们因此更加团结了。在大家的努力下，班级获得了代表昆明一中参加全市中学生歌咏比赛的光荣资格。伴奏是班上一位叫做吴玉辉的多才多艺的同学，他拉得一手优美的手风琴。在他优雅和铿锵的音乐伴奏下，我们唱的是肖华将军作词的《长征组歌》。那歌声，气势如虹！

如今，爸爸依然能熟练地唱出《长征组歌》。

20世纪80年代是一个充满了理想主义和浪漫主义的时代。

有一门课叫做政治常识，这门课的老师叫黄玥虹，一位个子不是太高的、和蔼可亲的女老师，40多岁。这门课中有一个章节，讲的就是政治体制改革的必要性。黄老师告诉我们，经济体制改革，如果没有政治体制改革配合的话，是难以取得最后成功的。黄老师还给我们讲述了当时冷战时代下的中美苏三国关系。前段时间，爸爸读到的英国著名历史学家霍布斯鲍姆的一本书《极端的年代》，就详细、全景式地回顾了冷战时期的一些人和事。一边读这本书，爸爸一边回忆当年在一中时，黄玥虹老师的音容笑貌，和那个令人难忘的大时代。

"小虎队"是爸爸那一代人的共同回忆。课间，学校的广播播放"小虎队"的歌曲：《爱》《蝴蝶飞呀》《青苹果乐园》《红蜻蜓》《星星的约会》……一首接一首地播送。爸爸尤其喜欢《青苹果乐园》："周末午夜别徘徊，快到苹果乐园来，欢迎流浪的小孩。不要在一旁发呆，一起大声呼喊，向寂寞午夜说 bye bye。音乐星光，样样都浪漫；烦恼忧愁，都与我无关。这是我们的舞台，散发魅力趁现在，让汗水尽情飘散。告诉 what's your name，接受这邀请函：I love you……走出角落的黑暗，don't you know？给我全部的爱。I need you，安慰我的不安，跟着我尽情摇摆。跟着我不要伤怀，跟着我散发光彩，照亮天空的阴暗，啦啦啦啦，尽情摇摆……"

那个时代的歌，与那个时代的人，都是那么的清透、阳光、活泼和可爱，又略带些莫名的忧伤与迷茫。

美国黑人歌手迈克尔·杰克逊是我们常讨论的明星。他的机械舞、太空步，还有他的歌曲 *Big Boy*……是的，他的歌曲，学校的广播也是经常播放。

还有霹雳舞……

高中的学习是艰苦的。对于爸爸来说，人生未来的路，在当时看来，只有高考一条独木桥。爸爸必须努力。每一个黎明初现的清晨，起床第一件事就是拿着英语或语文课本，朗读、背诵。学校的大操场（足球场）是爸爸晨诵的课堂，天是屋顶，朝阳是灯光，日复一日。有一段时间，爸爸总会盯着学校后门的那条小路，边诵读，边等待，为了看一看初二年级一位曾经与我共同参加过全市作文比赛培训的沈姓女孩子。站在一中大操场的看台上，刚刚可以看到那条她必经的小路。她的背影消失了，也就是爸爸该回教室上课的时候——爸爸的心，总是会在她出现和消失的时候，怦怦乱跳，如怀揣一只动兔。傍晚，爸爸则喜欢在小操场与大操场之间的那几棵巨大的桉树下散步。夕阳西下时，是爸爸该回教室自习的时候，自习往往会进行到教室熄灯。夕阳总会带给爸爸莫名的怅然感："前不见古人，后不见来者。念天地之悠悠，独怆然而涕下。"爸爸总会在心里默念唐代诗人陈子昂的这首诗歌。

有时候，爸爸会主动去找政治常识课的黄玥虹老师聊天，问她一些关于家国、历史、人生之类的问题。

周末是不可能回家的，家太远，需要乘坐缓慢爬行的蒸汽火车，走三个多小时，所以一学期只能回家一次。爸爸周末总会抽出一个下午，或者出去逛逛书店，或者到云大、昆工或云师大去，找大学生们畅谈人生。其实，他们有时似乎也很迷茫和躁动。在爸爸看来，大学生活很令人神往。他们在学校的墙壁上，定期更换板报。爸爸喜欢看他们的板报，他们的心思总是在忧国忧民。有一篇文章的题目叫做《天下兴亡，责任在我》，看完后爸爸热血沸腾，回校的路，步伐豪迈！有一次，在云大的会泽院旁，爸爸阅读到了一首朦胧诗，其中有两句是："……月亮下去了，星星起来了。黑夜遮住了我黑色的眼睛，我用黑色的眼睛，去寻找黑夜的黑暗。长发飘起来了。家中犁地的老牛，停下了脚步。黑格尔之谜。尼采是个疯子。我的祖母明天会去世……"那一个下午，爸爸都是郁郁寡欢的。

周日的晚上，爸爸会到一中的图书馆看书，看杂志。还有一些研究中学生心理问题的专家写的一些分析当时中学生问题的论文，爸爸也会看，但感觉专家说的不是我们。爸爸还思考过："我是谁？我在哪里？我要到哪儿去？"这是典型的 80 年代语言。

一个人的时候，爸爸会哼唱："每次走过这间咖啡屋，忍不住慢下了脚步。你我初次相识在这里，揭开了相悦的序幕……"是的，那是台湾歌手千百惠的歌，满满的忧伤。

更多的时间，爸爸还是用来学习、做题：语文、数学、英语、物理、化学、生物、政治……一套又一套。到了高三，写作文已经成为爸爸休息的方式，而非负担，因为，其他的课程，远远比语文和写作困难得多……

外面的世界很精彩，爸爸的世界很无奈。爸爸想，每一个中国高三的学生，都曾经历过那段地狱般的日子。大家都说，我们要考赢师大附中，为一中争光。

考场在师大附中。高考真的来临的时候，其实不如想象的那么可怕。题目不是太难。做完最后一科的最后一道题，爸爸知道，是时候了，是离开昆明一中的时候了。

那一刻，爸爸有点想哭的感觉，内心被漫无边际的空洞装满……

武汉大学

武汉大学是一所历史沉淀极为厚重的大学。在中国的现代大学史上，排名靠前的大学，有相当一部分是美国人利用当年的庚子赔款建立的。武汉大学则不是，它可以追溯到张之洞建立的自强学堂，后来由国民政府出资，在自强学堂的基础上建立的。武汉大学建立起来后，迅速上升为当时最有影响力的"民国四大名校"。在最近的权威评选中，武汉大学被评为"最具社会影响力的大学第三名"。亲爱的女儿，你和弟弟要是将来能够考入武汉大学，成为爸爸的校友，爸爸就非常开心了。

在昆明一中，爸爸虽然已经极大地拓展了视野，但是，对于自己要上什么样的大学，除了清华、北大之外，爸爸并没有任何概念。也就是说，爸爸其实并不知道什么大学最好、最适合爸爸。爸爸考入昆明一中时的中考成绩，在班上名列第四（毕竟昆明一中是在全市四区八县的更大的范围内招生），高考分数的排名，也是这个名次。按照爸爸的高考成绩，如果不挑剔专业的话，也是有冲击清华和北大的可能。爸爸高中时候学的虽然是理科，但爸爸的文科成绩，比如语文、英语、政治等，都可以排到全班第一，数学、物理、化学等理科，却只能排到全班前六左右。更重要的是，爸爸那时更喜欢文科类的专业，所以希望到大学后，能进入偏文科的专业。爸爸得感谢武汉大学到云南招生的唐正力老师，他是昆明人，所以就被学校派到云南来负责招生工作。昆明一中当然是唐老师必须来吸引生源的重点中学。唐老师首先给爸爸看了许多以武汉大学为背景拍摄的明信片，爸爸对于武汉大学的第一印象是，她是全国最美的大学，没有之一。从唐老师的口中，爸爸也知道，武汉大学在当时（1989年）是全国高校改革的排头兵。在刘道玉校长的带领下，当时的武汉大学被誉为高校改革领域的"深圳特区"，声名鹊起。所以，爸爸毫不犹豫地报考了武汉大学当时的经济学院，并且直到今天也为此选择而感到骄傲。

真正到了武汉大学，爸爸还是被学校优美和宏大的校园所深深地震撼！拉着爸爸一行的大卡车一进入校园，迎面而来的是一股朝气蓬勃的青春气息。来自全国乃至全球各地的男女学生们有说有笑，每个人都洋溢着天之骄子的自豪的笑容（那时能考取大学尤其是武汉大学这样的著名学府，是一件很不容易的事情，所以当时的大学生都被誉为天之骄子）。武汉大学位于东湖之滨、珞珈山下（其实整个武汉大学都被珞珈山所包围）。春天，是樱园樱花盛开的时节，整个武汉三镇的市民，甚至全国各地的人们都会来到武大赏花；夏天，高大的法国梧桐树浓阴蔽日，遮挡着武汉酷热的骄阳。秋天，桂园的桂花盛开了，整个校园里，到处都弥漫着桂花的香味。爸爸认为，秋天是武大最美的季节：桂花盛开，枫园的枫叶红了，樱园的银杏树黄了，而梅园的杉树也变成了土红色。秋天的武大，是五颜六色的。就是最冷的冬天，武大的校园里也是鲜花盛开——梅园的腊梅，在冰雪中依然绽放，香气袭人。可以说，武大的每一寸土地、每一个角落，都是一幅精心雕琢的风景画。当时一些玩世不恭的学生说，大学是青春的坟墓，而爸爸则认为，没有比武大校园更适合埋葬自己青春的地方了……

武大的所有校友，都应该感谢我国著名的地质学家李四光先生（他也肯定是一位高超的风水大师）。据说当年是他骑着毛驴，选定了武大目前的这块风水宝地。

武大不但自然风光美，人文风光也毫不逊色。所谓的人文风光，主要体现在武大的建筑上，体现在那些灰墙绿瓦的中西合璧的建筑上。爸爸是带你去过武大的：宫殿式的老图书馆，依山而建的樱园学生宿舍，哥特式的行政大楼、理学院，樱山顶的学生俱乐部……现在，武大的那些并不算太古老的建筑，都已经被评为国务院重点文物保护单位，将被永久地保存下来。

再过几年，你也要上大学，爸爸结合自己的经历，给你一些如何充分利用大学时光的建议吧：

第一，要有怀疑精神。中国的中小学教育，是典型的应试教育。大家都认为，书本上的知识都是真理，每一道题都是有标准答案的。其实不然，爸爸也是到了大学，才真正地懂得，即使是最为严谨的自然科学，任何问题的答案都不会是单一的，更何况人文科学了。截至现在，人类对于宇宙和世界，包括对于人类自身的了解和理解，也仅仅只有万分之一——更何况，也许我们生活的这个宇宙和世界，很可能就没有所谓的真相。对于宇宙，对于世界，对于他人，对于自己，我们都要永远保持着一颗好奇的心。只要我们的怀疑精神和好奇的心还存在，那么无论我们到了什么年龄，我们的心都永远是年轻的。

第二，在大学里，要把自己的大部分时光都"埋葬"在图书馆里。在大学的学习中，上课和考试固然重要，但能让你真正学到知识的是图书馆。在爸爸上大学的那个年代，正是中国从计划经济向市场经济转型的阶段，而爸爸学的又是经济类的学科。爸爸当时就感觉到，课堂上学习到的很多知识，都是很老旧的，大多还是基于计划经济的那一套而设计出来的。所以，爸爸会把周末的时间，都泡在图书馆里，或者是从图书馆里借书，进行大量的阅读。爸爸经常会去期刊阅览室，因为那里有国内外出版的几乎所有各类专业的刊物，很多后来有用的知识，大多是爸爸从图书馆最新出版的期刊上学习到的。从大学开始，爸爸养成了持续阅读和学习的好习惯。直到现在，爸爸还保持着每年三十来本书的阅读量。到了你上大学的时候，新的知识更加会层出不穷，世界的变化也更加会超出爸爸生活和学习的时代。没有持续学习和阅读习惯的人，都将会被未来所抛弃。

第三，要积极参加学校的社团活动，广交朋友。考入类似爸爸上学的全国性大学，或者国外留学，你将接触到来自全国各地甚至世界各地的人。选择那些优秀的同学作为朋友，将会为你沉淀下来一大批志同道合的一辈子的朋友，获得宝贵的友谊。在大学，爸爸不但勤奋地学习，还会利用一些时间参加学校的社团活动，结交了许多朋友。爸爸要告诉你的是，在学生时代结交的朋友，大多会成为你一辈子的朋友。当大家都进入社会后，朋友们会分布在不同的城市和领域，这些朋友将会形成一个独特的圈子，在你未来事业的发展中，你们将会互相帮助。虽然毕业很多年了，但是爸爸在大学里结交的很多朋友，都还会保持着密切的联系，互相之间也会帮助彼此，共同成长。而且，校友本来就会成为一个具备特殊凝聚力的群体，互相之间能够协同办成一些事。比如，爸爸有位师弟叫做胡潇，他写了一篇《武汉大学樱花背后的故事》。文章写得非常动人。爸爸帮他在爸爸的公众号"龙门"上发布，得到了很多人的关注；后来，爸爸把胡叔叔的文章发给几位影视圈的朋友，他们看后认为非常好。现在我们正准备把胡叔叔的文章搬上电影银幕。你看，上个好大学，多一些优秀的校友朋友，是一件多么重要的事情啊……

亲爱的女儿，爸爸这封信写得好长啊。这大概是爸爸这辈子写的最长的信了。希望你能体会到爸爸的良苦用心。我相信爸爸的女儿是最优秀的，是不会辜负爸爸的殷切希望的。

祝你好运！

爱你的爸爸
2017 年 1 月于家中

第十六封信
穷，是一种怎样的体验？

亲爱的女儿：

你好！

先给你讲两个小故事吧。

晋惠帝执政时期，有一年发生饥荒，百姓没有粮食吃，只有挖草根，吃观音土，许多百姓因此活活饿死。消息被迅速报到了皇宫中，晋惠帝坐在高高的皇座上听完了大臣的奏报后，大为不解。"善良"的晋惠帝很想为他的子民做点事情，经过冥思苦想后终于悟出了一个"解决方案"，说道："百姓无粟米充饥，何不食肉糜？"翻译成现在的话，晋惠帝是这么说的："老百姓既然没有粮食吃了，他们为什么不吃肉呢？"

第二个故事说的是美国废除奴隶制前，美国南方种植园的白人奴隶主特别喜欢竖立一个黑人奴隶模范，说他辛苦工作，任劳任怨，所以每个月可以多获得一些粮食和报酬。而对于那些吃不上饭，对奴隶主不满的人则批评他们工作不认真，没法养活自己的家人是因为自己工作不够努力。

这两个故事，前一个傻，后一个坏，不仅把穷人之所以穷，完全归结于穷人不努力不上进，是活该，而且认为只要取消了对穷人的补贴，穷人就会上进努力工作，整个社会的效率就会随之提高。

你从小就在经济条件优越的家庭长大，从小就没有体验过贫穷的滋味。你上的是公立小学，由于国家实行的是九年义务教育，所以你在学校并没有过多的花费。但是，为了让你更加优秀，同时也是社会大环境的逼迫，再加上你自己的要求，爸妈安排你在课外参加了各类兴趣班，包括钢琴、舞蹈、奥数、英语、语文等等，课外辅导费加起来一年要花费七八万块钱。七八万块钱，对于很多城市的一般家庭和农村的家庭来说，相当于他们全家一年的所有收入。你的物质生活，基本上达到了应有尽有的状态。从你小时候开始，住的就是大房子，有自己独立而且装修精美的房间；由于你是女孩子，所以喜欢芭比娃娃，你拥有的芭比娃娃都可以装一大箱子了。吃和穿就更不用说了，就以穿的衣服来说吧，你拥有的各类衣服的总和，已经相当于爸爸所拥有的衣服的总和了。一直到大学毕业，爷爷奶奶每年只会为爸爸增添一套质地很普通的新衣。爸爸的第一双皮鞋，是在上了大学之后才拥有的。如果爸爸跟你说，在中国或者非洲的某个贫穷山村的孩子吃不饱肚子，甚至会因饥饿而死去时，你大概也会提出跟晋惠帝一样的解决方案："百姓无粟米充饥，何不食肉麽？"这不能怪你，因为爸爸奋斗的目标，就是为了让你和弟弟过上目前这样的，甚至比目前更优越的生活。

但是，爸爸还是有义务让你知道，穷，是一种怎样的体验。当然，除了通过文字让你知道这种体验之外，爸爸还会带你去贫穷的山区，去真实地看看什么是贫穷，尤其是家徒四壁的赤贫，是一种怎样的存在。在你的弟弟们基本懂事之后，爸爸想带你们去贵州或者甘肃的某个穷困地区，认领三个与你们同龄的苦孩子，与他们交朋友，并以你们的名义帮助他们上学。爸爸想，我们即将实施的这个计划，将是一个有意义的活动：一方面，我们可以帮助到三个因为贫穷而可能上不起学的苦孩子；另一方面，你们还将通过与他们的深入交往，深刻地理解贫穷到底是一种怎样的体验。这将非常有利于你们全面地了解我们生活的这个世界的多样性，更加有利于你们未来的成长，培养你们的善良和悲悯之心，学会去从贫穷的人的角度，来看待和思考自己的未来，洞察这个世界的更多、更不为人知的秘密和真相。你大概还不知道吧，很多富人，把登上珠穆朗玛峰作为自己物质生活极大丰富之后的一种精神享受，当作对富裕起来之后枯燥乏味的生活的一种调剂。但是，这些人中的很大一部分，并非具备挑战珠峰的能力，他们需要珠峰脚下夏尔巴人的帮助。夏尔巴人为来自世界各地的登山者提供向导服务。他们为登山者背负行李辎重，遇到危险的难以翻越的障碍时，搭人墙让雇主通过。你可能不知道，在海拔高达 8000 米以上的地方登山，是一件多么艰巨的挑战：缺氧，随时面临着死亡的威胁。在这样的环境下，每位夏尔巴人每个登山季可以赚取 5000 美元的工资。为了不到四万元人民币的收入，许多夏尔巴人都死在了登顶珠峰的路上。对于这些夏尔巴人而言，他们没有任何其他赚钱的技能，用自己的生命来赚钱，是他们唯一的选择。即使如此，他们每年所赚，还不够你半年的课外学习费用。

爸爸再来给你讲一个小故事吧，是关于爸爸的一位落难的师弟，我们平常叫他"老枪"。老枪是爸爸在武汉大学的师弟，在校的时候，我们已经非常熟悉了。他是个苦孩子，自小父母因故去世，还要养活自己的弟弟。所以，他在上大学期间，都在利用一切可能的机会进行勤工俭学。记得爸爸刚到深圳的那一年，尚未毕业的他到广东来打工——他到中山找到了一份为某家企业清扫烟囱的苦活。每天，他在别人的帮助下，用绳子把自己吊到巨大的烟囱里面，用铲子一点、一点地清除烟囱里的污垢。每天干完活，他与从煤矿里干完活出来的煤矿工人没什么两样，除了牙齿和眼白是白的之外，全身无一处不是乌黑的。祸不单行，他的行囊还被别人偷了。行囊里面，有他的身份证和辛苦赚来的钱。没有办法，他只好从中山走到深圳来投奔爸爸。当他好不容易找到爸爸时，蓬头垢面，鞋子早就走坏了，脚底板被路面摩擦得血肉模糊，简直就是一个乞丐。爸爸收留了他，并通过一位来深多年的老乡帮他找了份建筑工地的苦活，让他渡过了难关，并为下学期赚够了基本的生活费。数年之后，在武汉创业失败后，他来到了深圳，并把自己弟弟一家也带到了深圳。老天爷对他实在不公，去年，他的弟弟因脑血栓，全身瘫痪。发病时，只有他弟弟一个人在出租屋里，被发现时屎尿拉了一裤子。当时，他弟弟刚有了孩子，他弟媳坐月子都是在他家里。突发的灾难，让老枪陷入了绝境，甚至他自己的家庭也出现了危机。爷爷奶奶经常跟爸爸说："一分钱就可以难倒一位英雄汉！"是的，爸爸的师弟就是这样的一位顽强地生活着的汉子，但他的确是被钱难倒了，他被突如其来的贫穷逼到了绝境。无奈，他来向爸爸求救。爸爸于是决定为他进行慈善募捐。大家的无私爱心，短短一天就为老枪募集了近十万元的善款，帮他暂时挺过了难关。这十万块钱，如果放在十年甚至二十年前，还真可能帮他彻底渡过难关，但是，在钱越来越不值钱的今天，这点钱只能帮他一时。你是无法理解爸爸的师弟在绝境之下那种万箭穿心般的绝望的。爸爸就能理解。希望你慢慢懂事后，也能理解。

贫穷，甚至是生活的绝境，会让很多人彻底地消沉、绝望甚至自杀，但是对于很小一部分人而言，他们会把贫穷的压力变成上进的动力。爸爸就给你讲讲爷爷和爸爸逆袭的故事吧。

爷爷小的时候，贫穷是社会一个普遍的状态。而且在他年轻的那个时代，标榜的是"越穷越光荣"的思想。所以，穷，对于他们那代人而言，是政治正确。爷爷讲过两个故事，爸爸今天分享给你听听。

　　爷爷上中学的时候，饿，是他最为深刻的记忆。因为住校的他，每天只能吃两顿饭，一顿是很少的一碗米饭，一顿是两个红薯。饿啊，怎么办呢？实在饿得不行了，就去田地里刨卷心菜的根，削了皮吃；或者，把盐巴用火烧红了，用开水泡了喝下去，这样在一定程度上能减除难熬的饥饿感。有一天，爷爷跟一位同学打赌，谁赌输了，谁就把那天的米饭让给对方，以让其中一方好好吃顿饱饭。很幸运的是，爷爷赢了。那天，爷爷约了在同一所中学念书的哥哥即你的大爷爷（那个年代，哥俩都能在县里的中学上学，是多么不容易的一件事啊），三个人的饭，两个人吃了，吃得饱饱的。那位与爷爷打赌的同学，也愿赌服输，不过可以想见，他那天饿得有多惨……

　　爷爷亲历的另外一个故事是，有一天，一位同宿舍的同学没有到教室来上课，老师点名时发现了，就问大家那位同学为什么不来上课。大家都没有回答。老师很生气，跑到宿舍里去抓人。没想到，那位同学的确在宿舍里，而且还裹着被子，说什么也不肯下床来。被老师逼急了，那位同学只好如实相告："老师，对不起！我只有一条裤子，中午被弄湿了，只好请其他同学帮着洗了，晒在外面呢。我现在是光着屁股裹在被子里等裤子干呢。"也就是说，那位同学不但只有一条裤子，而且连内裤都没有。老师听说了，当场就被这难堪而又悲伤的事情打动得哭了。老师回到自己的家，拿了一条裤子来送给那位男同学。

爷爷曾经告诉过爸爸，在那个年代，有些山里的人家，一家三辈人只有一条裤子的事情都是存在的，爷爷也是亲眼见过的。在这样的赤贫的家庭里，人已经退化成了动物；在这样赤贫的家庭，人已经彻头彻尾地没有了尊严——互相之间，三代人之间，连块遮羞的布，都成了奢侈品……

爸爸小时候，也穷过。爸爸所经历的贫穷，在给你的一些信里已经谈到过了，就不再赘述了。与其他同样贫穷的人不同，爸爸已经切身地感受到了贫穷的可怕，所以，爸爸立志要通过自己的努力，实现人生的逆袭。幸运的是，爷爷奶奶都算是高智商的人，而爸爸又很幸运地遗传到了优点，所以爸爸成功了。但是，爸爸的成功，是"恐怖压迫"下的成功，因为爸爸从小就认为，只有读书一条路，可以实现由贫穷达成富裕而有尊严的生活，没有其他任何的捷径可以走。爸爸从小就深刻地以为：如果不能通过刻苦努力地读书、上大学，自己和自己的家庭就不可能有第二条路可以走出农村、摆脱贫穷。最后的结果是，爷爷奶奶逆袭成功，他们的四个孩子有三个走过了高考的独木桥。目前，考上大学的三个孩子，有两个生活在深圳，一个生活在老家的一座城市，而且都过得很好。留在老家的姑姑，也在爷爷的扶持下，过上了有尊严的生活；老家大姑的唯一的儿子，也就是你的堂哥，去年也考上了昆明的一所大学。

改革开放30多年了，仍有一些农村地区存在着贫穷、落后和无望。爸爸下面要告诉你的是，类似跨阶层的逆袭，在任何一个社会, 都是一件极为困难的事情, 但是, 我们家一定要做到。爸爸说的是: 一定要!

《人生七年》是 BBC 的一部著名纪录片。它选择了 14 个不同阶层的英国孩子, 记录了他们的人生轨迹。从 7 岁开始, 每七年记录一次, 一直到他们 56 岁。在这场长达 49 年的跟拍中, 虽然也有阶层的逆袭者 Nick 从平民家庭中走出, 凭着自身的努力成为出色的学者, 但我看到更多的是: 穷人的孩子依然是穷人, 富人的孩子依然是富人, 阶层在代际间得到了传承。

7 岁本该是个天真烂漫的年纪, 但不同阶层孩子已表现出了明显的差异。上流社会的 John 和 Andrew 已经养成了阅读《金融时报》《观察家》的习惯, 他们明确地知道自己会上顶级的私立高中, 然后读牛津大学, 再然后进入政坛。中产阶层的男孩会拥有自己的理念, 如反对种族歧视, 帮助有色人种; 女孩则想着长大嫁人生子。底层社会的人则希望当驯马师赚钱, 有人希望能有机会见到自己的爸爸, 而贫民窟出生的 Paul, 甚至把"吃饱饭、少罚站、少被打"当成了自己的人生愿望。

49 年之后, 他们已是 56 岁了。上流社会的 John 成为企业家并致力于慈善事业, Andrew 成为律所合伙人, 他们的孩子继续接受着精英教育。中产阶层的大多数人依然是中产, 也会有个别滑落到社会的底层。底层社会的 Paul 成了泥瓦工, Tony 则成了司机, 他们生了一大堆儿女, 儿女中的大部分人继续在底层靠出卖劳动力为生。

亲爱的女儿，爸爸今天跟你讲的，是一个沉重的话题：贫穷。在阶层固化已经成为世界性现象的当下，爸爸还是希望你和两个弟弟能够站在爸爸的肩上，实现更大的逆袭，走到社会财富结构的更高层。事实上，即使到了今天，爸爸也没有停止对自己人生的逆袭；爸爸还在奋斗，力争在爸爸这一代，再往上走一个台阶，而非仅仅做一个实现了基本财务自由的高层次的中产。爸爸今年才 45 岁，还有机会往上走。

爸爸在给你的第三封信《财富的意义》中谈到过什么是财富，爸爸还在给你的第四封信中谈到了"为什么要理财？如何理财？"的问题，包括这封信在内，爸爸已经就财富问题给你写了三封信了。

这并非意味着爸爸是一个拜金主义者。在任何一个社会和年代，财富都是人立于世的最基本的需求和基础。只有实现了较高层次的财务自由，我们才能有能力和精力去追求更高层次的理想：精神的丰盛，乃至灵魂的自由。

爸爸还要告诉你一个残酷的事实：在我们生活的这个星球上，90% 以上的人，终其一生，都是在为温饱而努力，很多人每天的努力，仅仅只是为了吃饱一日三餐。这个世界上，10% 的人或家庭，拥有世界上 90% 以上的财富！当下富有的人，尤其是中产阶级，一不小心，就可能滑落到贫穷的社会底层。在当下的中国，很多已经成功创业了的企业家，也会因为全球经济危机等主客观原因，导致破产，然后重回底层。人生是无常的。

　　爸爸的成功，并非意味着你和弟弟就一定能成功。任何有意义、有价值的事物，都必须通过自身的艰苦努力，才能够达成。人生最大的意义和快乐，不是在于单纯的享受，不是一般人所追求的香车宝马。只有你做成功了一件件极其困难的事情之后，你才会体会和享受到人生最大的快乐和意义。爸爸妈妈都是过来之人，知道你和弟弟在你们这个年龄段，哪些事情是必须做的，而且是必须做好的。所以，爸爸妈妈会在某些时候，强迫你做一些你不乐意做的事情。一定要告诉你的是：你现在不吃苦，将来长大了，会吃更多的苦。向上走肯定比往下走要困难得多，在这个残酷的世界上，如果爸爸妈妈不把你教育好，你会很轻易地从当下滑落到社会的最底层。这不是爸爸愿意看到的，相信也不是你所愿意的。而且，如果爸爸妈妈不这么做，等你长大了，你肯定是会怪罪于爸爸妈妈的。在你现在这个阶段，爸爸所能够给你的，除了爱，只有最好的教育。唯有最好的教育，才能够使你具备向上的、超越爸爸的能力，才能够让你未来的人生是富裕的、健康的、丰盛的、幸福而有价值、有尊严和有意义的。

　　祝你好运！

爱你的爸爸

2017 年 1 月于家中

第十七封信
如何从容面对未来的不确定性?

亲爱的女儿:

你好!

一、什么是不确定性?

在你目前和未来的学习和生活中,要善于利用网络来寻找合适的答案。比如,爸爸今天要跟你谈的"不确定性"的问题,我们首先要弄明白:什么是不确定性? 爸爸其实可以给出这个问题的答案。但是,为了更加严谨,爸爸到网上搜索了"什么是不确定性",答案非常多,各种各样。爸爸要告诉你,书本上,包括你现在学习的课本上,你学习到的知识并非是无可置疑、不可更改的绝对真理。所以,爸爸在此前给你的第十五封信中,就谈道人要有怀疑精神,"对于宇宙、对于世界、对于他人、对于自己,我们都要永远保持着一颗好奇的心。只要我们的怀疑精神和好奇的心还存在,那么无论我们到了什么年龄，我们的心都永远是年轻的。"爸爸看了网上的很多关于不确定性的解答，认为下述解答与我们今天的话题更契合："不确定性规避指的是人们忍受模糊（低不确定性规避）或者感到模糊和不确定性的威胁（高不确定性规避）的程度。显然，不确定性规避的核心就是认为未来不可知。虽然可能每个人都在预测未来，但是没有人能够丝毫无误地预知下一刻、下一天、下一年或下十年会发生什么事情。荷兰霍夫斯泰德用不确定性规避一词来界定一种程度，一种当人们遇到混乱不清、难以预测的情况时所感到的不安程度。通过对严格的行为方式的遵循和对真理的信仰，他们可以尽力避免这些情况。"

　　说了这么多，爸爸还是用自己的话来告诉你什么是不确定性吧。所谓的不确定性，就是由于我们自身的主观原因和外部环境的变化，使得我们无法判断下一刻、下一天、下一年或下十年会发生什么事情。比如，我们不能确定，明天或者下个月，我们是否会生病；我们不能确定，我们出去旅行，会碰上一些什么人、什么事、什么天气、什么风景；你长大后，会成为一个什么样的人……爸爸要告诉你一句与不确定性密切相关的话："这个世界唯一不变的就是变化。"

　　在中国辉煌灿烂的哲学典籍中，《易经》研究和探讨的就是关于不确定性的问题。所谓"易"，即"变化"的意思，《易经》通过八卦的不同组合，来预测未来，据说根据它的理论体系所做出的对于未来的预测是十分准确的。但是，爸爸要告诉你的是，人生之所以美妙，就在于它的不确定性；如果你对于自己未来的人生了如指掌，对于自己未来人生的每一秒、每一天、每一月、每一年等等所要发生的事情都清楚地预先知道，人生也就失去了它的意义了。人生的意义，在于其过程，而且这个过程充满了酸、甜、苦、辣。你可以想象一下，如果自己的人生里只有甜，而没有苦，人生就真的很完美吗？爸爸要告诉你，不是这样的。如果没有了苦的对比，你也无法享受到甜的快乐与幸福。很多人十分害怕不确定性，对未来的"不可知"充满了恐惧。这不是你应该持有的人生态度。我们要欢迎不确定性，我们要拥抱不确定性，我们要以积极、乐观、向上的态度来迎接不确定性，如此，我们才能够享受到真正丰盛的人生。

二、这是一个快速变化的，充满了不确定的时代

爸爸阅读过很多书籍，尤其是阅读了历史和哲学书籍之后，对于人类社会的变化，有着这样的认识：随着时间的推移，时代的变化是加速度的，而且不是以算术级别的速度在变化，是以几何级数递增的方式在加速变化。所以，这个世界所存在的不确定性不是越来越少了，而是越来

多，人们越来越难在实践中做出合乎逻辑的预测。关于人类社会演变的书籍，爸爸推荐你认真阅读一下以色列年轻作家尤瓦尔·赫拉利的代表作《人类简史——从动物到上帝》，该书是在 2012 年以希伯来文出版的，然后很快就被翻译成近 30 种文字，不仅为全球学术界所瞩目，而且引起了一般公众的广泛兴趣。这本书非常精彩地告诉了我们人类是如何快速变化，未来的不确定性是如何与日俱增的。作者随后又出版了另外一部书《未来简史》，不过他的后一本书给出的结论就极为悲观了：由于技术的进步，机器将在越来越多的领域替代人工，越来越多的人将变得无所事事，大部分没有创造力和创新能力的人，都将变成废人，也就是无用之人。《未来简史》写作的目的，大概就是预测人类未来可能发生的急剧改变，增强人们对于未来的不确定性的预判能力。

在人类社会早期，也就是一万年以前，人类社会的进步和演变非常缓慢。一万年前的人类虽然在那个时候已经由猿人变成了智人，但是，人类所过的生活，以及思想和知识的进步，是极为缓慢的。所以，那个时代的人类所面临的不确定性就很少，而且他们所面临的未来的不确定性主要来自当时不可知的自然界，而非人类社会本身。

三千年前左右，尤其是最近的两千余年，人类社会发生了一次重要的革命，人类由狩猎这样非常不确定的生产生活状态，进入了稳定的农业文明时代。农业文明的到来，使得人类可以定居在一个相对固定的地方，财富也有了快速的积累。一部分人可以从繁重的体力劳动中解放出来，进行认真的思考。于是，在农业文明这一生产力革命性的进步之下，人类逐步发明了文字、货币、造纸术、印刷术、指南针、火药等。千万别小看了这些发明，比如，文字和造纸术以及印刷术的发明，使得人类可以将自己的历史、信息、知识、技能和智慧，以书籍的方式向后延续，而不是以此前的那种口口相传的、似是而非的极其不靠谱的方式来传承。如此，正如高尔基所言："书籍是人类进步的阶梯。"人类以书籍为阶梯，开始了算术级的进步和变化。但是，在这个阶段，人类的变化和进步，依然还是缓慢的，虽然已经比一万年前的智人的进步和变化速度快了很多。

下面，爸爸特别要跟你谈谈人类的一个革命性的发明：货币。在货币被人类发明之前，人与人之间的商品交易，是以货易货的。也就是说，人们要进行交易，只能用自己饲养的山羊，与别人生产的谷物进行交换。这样的贸易方式效率非常低下。货币的发明，使得人类有了一般等价物，贸易得以飞速地发展，人类的生产力和生产效率因此也得到了快速的发展，为未来资本主义和市场经济的到来，为未来工业革命的到来，奠定了坚实的基础。因为货币作为财富的象征和交易的媒介，使得人类突破种族、信仰、地域、敌我、国家等等的限制，从而可以进行互通有无的贸易，大大地促进了生产力的进步，也使得影响人类组织形式的以民主为基础的议会制的形成，有了生产力的基础。

于是，顺理成章地，伟大的工业革命发生了。它是继农业革命之后，把人类带入更高发展速度的又一次重大的革命。工业革命（The Industrial Revolution），又称产业革命，发源于英格兰中部地区，是指资本主义工业化的早期历程，即资本主义生产完成了从工场手工业向机器大工业过渡的阶段。工业革命是以机器取代人力，以大规模工厂化生产取代个体工场手工生产的一场生产与科技革命。由于机器的发明及运用成了这个时代的标志，因此历史学家称这个时代为"机器时代"。18 世纪中叶，英国人瓦特改良蒸汽机之后，由一系列技术革命引起了从手工劳动向动力机器生产转变的重大飞跃。一般认为，蒸汽机、煤、铁和钢是促成工业革命技术加速发展的四项主要因素。工业革命自英格兰扩散到整个欧洲大陆，19 世纪传播到北美地区。工业革命的爆发，使得人类所面临的不确定性，更多地来自人类社会本身。

工业革命对于人类的影响是历史性的，工业革命比农业革命高级得多，对人类的影响力更大，对于人类提高生产力和生产效率更具革命性。但是，没有农业革命作为基础，工业革命是不可能发生的。工业革命的核心在于工业革命是以机器取代人力，以大规模工厂化生产取代个体工场手工生产的一场生产技术革命。从此，蒸汽机、煤、铁和钢替代人力和畜力，成为推动人类进步的巨大动力；从此，人类的进步就进入了类几何级数的增长。能源和生产工具的改变，使得人类的生产可以以更大规模的方式来进行，原来的作坊可能最多只能容纳十几个人，而工业化大生产却可以容纳成千上万的人一起劳动。更为重要的是，正如亚当·斯密在《国富论》中所言，分工在工业化大生产的条件下，越来越成为可能，个体的人在工厂的流水线上，只需要干一件简单的活，这使得每个人只专注于一个专业的、简单的领域，个体的人的劳动熟练程度得以极大提高。整个群体在精细化分工的前提下，劳动生产力得到了空前的提高。在此基础上，为了协调工业化大生产，管理学、会计学、金融学、经济学等学科也得到了飞速发展。人类由此进入了一个与此前数千年、数万年所不同的崭新的阶段。

自从工业革命开始之后，另外一场革命——第三次科技革命，又给人类社会带来翻天覆地的变化。互联网科技的异军突起，加之生物科技、新材料的发现和发明，人类正式开始了前进速度的几何级数的增长。记住爸爸上文所说的，工业文明，只是人类进步的类几何级数的增长速度。互联网技术的关键突破在于，它可以将单台的电脑联结成局域网，进而把全球所有的电脑联结起来，大大提高了信息传输的速度，也使得不同电脑上的信息可以互相传输和分享；随着互联网科技的持续深化和发展，互联网可以将电脑和电脑、电脑和人、电脑与物、人与人、物与物、人与物等等联结在一起，并派生出了物联网等更高级别的技术形态。而且，人类还突破了电脑记忆和存储的局限，发明了可以存储无限量数据的云技术。作家、发明家、计算机科学家、谷歌首席未来学家雷·库兹韦尔（Ray Kurzweil）说："1965 年，我在麻省理工学院读书时，曾使用一台 1100 万美元的 IBM7094 型计算机，而如今，我的智能手机已经比那台计算机强大数千倍，便宜数十万倍。"

亲爱的女儿，如果人类的科技进步、科技创新到此为止，爸爸认为，这是整个人类的幸运和福气。但是，基于互联网科技革命，人类的科技创新还在加速度地以巨大的惯性在前行。爸爸接下来要说的，是一个极为悲观的话题——正如日裔美籍学者弗兰西斯·福山的一本书的名字一样——《历史的终结和最后的人》，人类技术的进步将毁灭人类! 这门新的技术科学就是人工智能。

你大概也听说过阿尔法狗（AlphaGO）了吧? 通过植入人编制的程序，阿尔法狗可以在围棋这个迄今为止最为复杂的智力游戏上，连续击败人类最高水平的围棋棋手。作为从事股票投资等领域的专业人士，爸爸深知，股票投资比起围棋来简直就是小儿科。也就是说，随着阿尔法狗的成功，类似股票、债券、期货等这样的"低水平"智力活动，可以肯定地说，将在不久的将来（爸爸认为短则两三年，多则五六年），就被人工智能所替代。所以，现在市场上那些最牛的基金经理和研究员们，很快就要失业了。

更不用说工厂了。工厂里的劳动，比起股票、债券、期货这样的高智商的活动，简直就不值一提了。现在，许多大公司都在大规模建设机器人工厂。原来需要数百万人的工厂，全部被机器人所替代；机器人最大的优势在于，它是冰冷的机器，没有任何情感，没有任何诉求，只需要极少的一些技术人员来维修和维护，它们就可以不吃不喝地24小时地干活，而且效率高，产品质量特优，何乐而不为？结果是，大量的工人失业了……

雷·库兹韦尔（Ray Kurzweil）最近预言，在不远的将来，技术将让我们变得更聪明、更健康，技术更将给人类生活带来巨大改变。这个所谓的巨大变化，就是到了2045年，人类可以在科技的帮助下，实现长生不老。这个预言实在是太可怕了：如果人类实现了长生不老，我们这个星球还装得下越来越多的人吗？而且，原本需要大多数人类参与的生产活动，都被人工智能和机器取代了，那么人干什么呢？成为多余的人，成为废物。所以，人类最终的结局很可能是自我毁灭——这，很可能是未来人类所面临的有史以来最大的不确定性。

三、如何从容面对未来的不确定性？

爸爸在这封信的开头，说这个世界充满了不确定性，而不确定性使得我们的人生更加快乐和丰富。但是，爸爸又在上面的文字里，从宏观上简单地梳理了整个人类的发展史，并预测了人类极为悲观的未来。那么，我们，尤其是你，又该如何从容地面对未来的不确定性呢？

现代东、西方文明的道德基础和伦理基础，构建于公元前 600 年至公元前 300 年前后。就是在那个时代，人类诞生了最杰出的几位哲学家：西方的苏格拉底、柏拉图、亚里士多德，以及东方的老子、孔子、孟子等先贤。他们的哲学和伦理思想，加上基督教、佛教、伊斯兰教等的经典和教义，基本上成了全人类思想的源头。迄今为止，人类还在这些先贤所规范的框架下生、老、病、死，如四季一样轮回。人类科技的发展，迄今为止，也还暂时没有突破先贤们的构架，即使偶尔有突破，人类社会还是会明智地加以制止。比如前些年的克隆技术，已经极为成熟了，但是，克隆技术有违传统的道德和伦理规范，就被各国纷纷叫停了。那么，类似于可以让人长生不老的科技——如果真能实现的话——那么这样的科技比当年的克隆技术对于伦理和道德规范的违背，就有过之而无不及了。这种科技当然应该像克隆技术那样，被国际社会叫停。推而广之，类似机器替代人工这样的技术，从严格意义上来说，不也是这样吗？不也应该被叫停吗？当然，爸爸在这里跟你讨论的是宏观性的问题；对于宏观的、大趋势的潮流，咱们个体的人，只能像邓小平回答他女儿关于父亲是怎么样能够完成如此艰苦的长征的答案那样，我们唯一能选择的就是：跟着走。

对于个体的人来说，如何从容面对不确定性的未来？爸爸的回答是：

第一，首先，你要身体好，要把锻炼培养成一种生活的习惯。一个好的、强健的身体，是你灵魂的载体，是你精神的载体，是你健康和强大心理承受能力的载体。强健的身体和强大的心理，使你能够应付大多数的不确定性，除非发生地震、海啸、战争等这样极端的不确定性事件。即使在极端的不确定性事件发生时，你也会比别人多一份生的可能。

第二，要养成"活到老、学到老"的学习习惯，持续提高自己的学习曲线，把知识和生活的经验，转化成生存、生活和人生的智慧。你要千万记住，知识并不能够等于智慧，正如爸爸经常跟你讲的，一个博学的人，并非意味着他就一定是一个智慧的人，而一位目不识丁的农民，却可能是一位智慧的人。当然，博学的人，成为一位智慧的人的概率，会比目不识丁的人要大一些。

爸爸在此要解答一个问题，也就是爸爸在给你的很多信里提到的一个问题："什么是智慧？"这个问题，根本没有标准答案。有人说："一般的人很容易做到对一事一物的具体理解与对这些具体问题的处理，通常把这种方式叫做'聪明'。但是，要对整个世界或人生作一个总体的把握，一般的人很难做到，于是，人们便把追求解决这类问题叫做'智慧'。"还有人认为："古人说知人者智，自知者明。智就是耳聪目明，大脑反应快，明就是慧，合在一起就是智慧。智慧不仅要聪明，而且还要正确认识自己，没有妄想，没有恐惧，什么来了都接受，时时刻刻知道真实的自己，才是真正的智慧。"爸爸则认为，所谓智慧，是极少数人所具有的对于宇宙、世界、人生的深刻理解与洞明；具备真正智慧，尤其是有大智慧的人，是能够正确、和谐和合理地处理人与人、人与世界、人与自身的关系，从而使自身能够达到身心的自由的。智者的最大优势在于，他们能够洞察未来的大趋势，对未来的不确定性有超前的预见性，并能从容应对和处理，使自己始终处于有利的位置。

第三，未来需要的人才不是技工，而是工程师。在未来，一切能在工厂里流水线上被制造出来的东西，都将不是稀缺的，也是不需要人工来完成的。未来需要的是有创新能力的人。具备创新的意识和能力，将使你在未来面对大多数的不确定性时，能够保持从容的心态。

第四，如果能够使自己成为生产精神产品的高级人才，也将使你立于不败之地，并从容地面对未来的不确定性。比如，计算机和人工智能可以生产新闻作品，甚至写出新闻评论，但是，人工智能却在大概率上，不能生产哲学和类似《红楼梦》这样的经典小说。人工智能可以弹奏出优美的钢琴曲，但是，人们更高级的享受，不是去通过录音机欣赏音乐，而是更愿意到音乐厅里去，听真人演奏的、更贴近人性的作品。未来，或许到全球去旅行也可能成为一种职业（现在就实现了），未来空虚的人们非常需要看到你亲身旅游之后，写出发自你内心的、能够震撼人心灵的游记。

　　无论未来怎么发展，无论未来会发生什么样的不确定的事情，你都要把自己活成一个真实的人、真实的自己。现在，虚拟现实可以让人们体验到超级刺激的感官的体验；现在，用钱也可以买到让自己身体获得满足和刺激的体验。但是，爸爸始终相信，任何用钱买来的虚拟的、刺激的体验过后，你得到的只能是空虚与虚无。爸爸之所以愿意持续地阅读和写作，是因为爸爸能够从别人看似艰苦的活动中，得到极为丰富的精神甚至灵魂自由的体验。爸爸始终相信，只要我们每天愿意在阳光下奔跑，只要我们每天能够接受微风的吹拂，只要我们始终有一颗温暖善良和乐观积极的心，我们就能够从容地面对未来，把自己活成一个大写的人！

　　祝你好运！

爱你的爸爸

2017 年 1 月于家中

第十八封信
写作的意义

亲爱的女儿：

你好!

以你目前的年龄和年级，写作对于你来说还处于"习作"的阶段。也就是说，你还处于学习写作的阶段。不过，就小学五年级来说，你的部分习作已经达到了一个较高的水平了。

你也跟爸爸一样，开了一个微信公众号，上传了一些文章。爸爸很开心你已经能够写出一些较为优秀的文章了。比如，你的《月球奇遇记》一文，爸爸就认为写得不错：

"昨天晚上，我伴着清风，进入了梦乡。突然，我感觉自己轻飘飘的，从床上飘了起来，飘到了窗外，飘离了地球。当我睁开眼睛，发现自己飘到了月球，我感觉大吃一惊。

"落在月球上，我感觉非常不适应，每走几步，都要摔一跤。突然，从我旁边的一个洞里，跳出来一个奇怪的外星生物，他长着两只长长的耳朵，一对大大的、水灵灵的眼睛，他挥动着又胖又绿的身体，用奇怪的语言询问我，为什么要将他吵醒。我看着他，用懵懂的眼神，他也看到了我那懵懂的眼神。于是，他纵身跳进洞里，当他再次出来时，手上拿着一个奇怪的耳机。他将耳机递给我，示意我将它戴上，戴上它之后，我能听得懂他说话了，他也能听得懂我说话了。于是我们开始了愉快的交谈。

"从谈话中我知道了，他叫多多。他在这个星球上生活了成千上万年了，如今已经是千岁老人了。因为在月球上，没有时间，所以月球上的所有生物都不会变老，他在月球上还是一个小孩呢！他自我介绍完以后，吹着明亮而又轻快的口哨，从其他的洞里陆续跑出来了成千上万个小外星人，他们争先恐后地围到我身旁，急切地向多多询问我是谁。多多叫一个粉色的小外星人带我去参观这个星球，随后他就开始向别人介绍我生活的地球上的食物、植物和动物。他还告诉我在月亮这个星球上，只有小外星人，除了小外星人以外，就没有其他生物了。我急切地向小外星人询问，他们吃什么？住在哪里？穿什么？可是，小外星人露出了奇怪的表情，他问我，什么是吃的？什么是住的？什么是穿的？他说：'我只能告诉你，我们躺在洞口房里吃空气，穿的就是我们的皮。'听完之后，我露出了似懂非懂的表情，跟他回到了其他小外星人所在的地方。

"回到了小外星人的身边，多多就说：'伙计们！我们赶紧带贵宾去给她找一栋房子住吧！'小外星人们都争先恐后地挤到我身边。有的推着我，有的牵着我，还有的竟然想把我抬起来！我从这些小外星人那争先恐后的表情中，看到了他们对我的欢迎，对我的热情。走了十几分钟，我们来到了一个非常非常漂亮的洞口房，这个洞口非常非常小，但是房却非常非常的大。多多说：'伙伴们，我们到站了，你们可以先回自己的洞口了，下面的事情就由我来解决了。'于是，小外星人们就四散开来，三五成群地回到了他们自己的洞口房。多多说：'贵宾，你跳进去吧！'我跳进了那个洞口房，发现十分别致。跟多多的比，那真是豪华的别墅！里面的挂件，摆设，家具，在地球上，我从来都没有见过。那里的床，跟我们地球上的熊，简直就是一模一样。那里的桌子，跟地球上的床简直没有区别。那里的椅子跟地球上的桌子也没有区别。

"我在月球上住了大约一个星期就开始想家了，于是我跟多多说：'谢谢你们这一周以来对我无微不至地照顾。现在，我想回家了，这是我送给你们的礼物。'我送给多多的，是一个漂亮的小手镯，他拿到手镯，脸红得简直就像红彤彤的小苹果。他说，他非常喜欢这个礼物，他说他也有礼物送给我。他给了我一箱子可以听懂动植物谈话的耳机，叫我带回家，送给地球上的人。

"到了离开的时候，我跟小外星人握手。最后，我依依不舍地醒来了。醒来之后，我坐在床上，望着天上那一轮明月。我真希望，小外星人能和人类成为好朋友。"

爸爸认为，你的这篇文章想象力丰富，语句流畅，用词恰当。爸爸知道，你之所以能写出这么奇妙的文章，是因为你读过郑渊洁爷爷的一些书。他的童话故事，给了你灵感。

关于写作的意义，爸爸不得不谈到郑渊洁。在你这个年龄段时，爸爸就开始阅读郑渊洁的童话故事了。记得，爸爸是从当时的《中国少年报》上，读到了连载的《皮皮鲁奇遇记》。故事写的是皮皮鲁一天晚上听收音机，偶然间听到了一个奇怪的频道，并从这个频道听到了引人入胜的奇妙故事和经历。后来，爸爸才知道，郑渊洁是一位极具想象力的童话作家，而且他自己还办了一本童话杂志，每周出版一期，杂志里面的所有文章，都是他一个人写的，并且一直坚持了下来，成了包括爸爸和你在内的几代人儿童时代最丰富的精神食粮，滋润了多少人童年的心灵，成为多少人共同而美好的记忆——这，就是郑渊洁写作的意义。

郑渊洁的写作，不但是他们家收入的巨大来源，更重要的是，他的写作还成为他和他父亲交流的纽带。郑渊洁的父亲对自己的儿子说，郑渊洁写多长时间，他就会活多长时间——这虽然是玩笑话，但是，郑渊洁的写作行为，却增添了自己对父亲尽孝的意义，因为他的父亲为自己的儿子感到骄傲，所以自然会感觉到自己的生命是有意义和价值的。因此，郑渊洁的父亲的人生是快乐而幸福的。这大概是连郑渊洁都未曾想到的写作的意义吧？

　　写作可能是一个人纯粹的精神活动，也可能是出于功利性的动机。但是，无论是出于何种目的，只要不是非健康、反社会、反人类的作品，而是具有文艺性、科技性、知识性、娱乐性、趣味性、历史性、科普性的，正面的、理性的、健康的作品，其结果都将是有益于社会的。查良镛（金庸）写作武侠小说的目的就是极为功利的，甚至是急功近利的，目的是促销他的《明报》，即通过在《明报》上连载他的武侠小说，来吸引人们订阅和购买《明报》。但是，其最终的结果却是意想不到的。首先，他的《明报》成功了，一度成为香港政治、社会类的最有影响力的媒体，取得了社会效益和经济效益的双丰收；其次，他的武侠小说还成了脍炙人口的文学读物，风行于整个华人世界，经久不衰。现在，很多人仅仅知道金庸是武侠小说家，却很少有人知道他首先是一位报人、一位企业家。当年《明报》的社论几乎都是查良镛撰写的，他的文字，以一个理性旁观者的视角，客观地评价我们这片土地上曾经的非理性和集体性疯狂，让华人社会（主要是海外华人社会）和国际社会能够以冷静和理性的目光来看待当时的那个时代，其积极的意义就不言而喻了。

　　爸爸从小就接受传统的历史教育。不能说爸爸所接受的历史教育都是片面的，因为任何人、任何政权写史，都是有其立场的。后来，尤其是近年以来，爸爸能够阅读到一些国内外历史学家书写的历史，对于包括爸爸在内的几代人如何看待我们自己的历史，有了全新的视角，这对于我们如何回答"我们从哪里来"之类的问题，提供了重要的参考。著名历史学家、美籍华人、哥伦比亚大学历史学教授唐德刚的《晚清七十年》《袁氏当国》《李宗仁回忆录》《胡适口述自传》《胡适杂忆》，中央党校教授杨奎松的《"中间地带"的革命》等书，都是不可多得的历史作品。这些历史学家的写作，其历史意义得到了高度评价。如果没有这些写作者的秉笔直书，我们将可能处于一个迷茫的丛林里，看不清、看不到客观存在的历史，难以客观地看待我们的现在和未来。现在和未来都是历史的延续，没有对于自己历史和别人历史的客观评价和理解，我们就无法回答"我们是谁""我们在哪里"，我们更无法回答"我们将走向何方"这样的问题，进而，我们就无法树立自己合理的世界观、人生观、价值观。

上述，爸爸跟你讲的是别人的写作所能带给我们的意义。下面，爸爸要告诉你的是，我们自己的写作，又有何意义？

以爸爸为例，爸爸的写作，大部分是关于宏观经济、投资理财、投资策略等极为专业的写作。这类写作不是写散文和小说。写散文和小说，可以不阅读资料，可以天马行空。但是，专业类的写作，就必须基于资料、数据、案例等信息的收集，基于经典的专业书籍的阅读。所以，写作逼着爸爸进行持续、深入、广泛的阅读。如此，阅读和写作，其实首先是一种持续的学习过程。持续的学习，可以使爸爸（也会使未来的你）始终站在时代的最前沿，随时掌握最新的知识、信息、数据和时代发展的大趋势。我们就可以始终保持着生命的活力，保持着永不落后的知识体系和在社会丛林中的竞争力，从而使我们可以保持着"从容应对未来不确定性"的能力。爸爸在给你的第七封信《阅读的意义》中，曾经引用过林语堂的一段极为经典的话。他说："没有阅读习惯的人，就时间、空间而言简直就被监禁于周遭环境中。他的生活完全公式化，他只限于和几个朋友接触，只看到他的生活环境中发生的事，无法逃脱这个监狱。但当他拿起一本书，立刻就进入了另一个世界。"爸爸还说过："阅读积累知识，写作获得智慧，交流碰撞火花，旅行积攒见闻，工作创造成就，一切归于生活。"其次，写作，不仅仅是对于数据、资料、知识的罗列，而是要利用合理的逻辑和知识体系，对之进行梳理，这个梳理的过程，就是一个创造、创新的过程，是把别人的东西进行吸收和消化，变成自己的理念、观点、判断，变成自己的知识的过程。著名企业家王石就曾经说过，如果你读了一本书，不写一篇读后感的话，那么，你的阅读就没有太大意义了，因为，只有通过写作，才能把别人的东西，变成自己的东西。如此日积月累，人就会得到提升和进步。

　　根据爸爸的经验，爸爸还认为，阅读和学习是一种需要努力付出的过程，而努力付出之后，会得到用金钱买不来的精神享受。写作则更不同了，它是一种基于阅读和学习之上的创造性的活动，它能够带来的是更高层次的精神享受。在一篇一篇文章或者一本一本书的写作过程中，人所获得的成就感是丰盛的、健康的、厚重的。人在不同的条件下，存在着不同需求，而自我实现需求，是人类最高级的需求；写作，就是爸爸完成"自我实现需求"的手段之一。

爸爸在此，有必要跟你讲一讲马斯洛的"需求层次理论"。亚伯拉罕·马斯洛（Abraham Maslow）是美国著名犹太裔人本主义心理学家，他提出的需求层次理论，是解释人格的重要理论，也是解释动机的重要理论。其提出个体成长的内在动力是动机。1943 年，他提出，人类的动机是由多种不同层次与性质的需求所组成的，而各种需求间有高低层次与顺序之分，每个层次的需求与满足的程度，将决定个体的人格发展境界。需求层次理论将人的需求划分为五个层次，由低到高，并分别提出激励措施。其中底部的四种需求：生理需求、安全需求、社交需求、尊重需求，可称为缺乏型需求，只有在满足了这些需求后个体才能感到基本上舒适。顶部的需求：自我实现需求，可称为成长型需求，因为它们主要是为了个体的成长与发展。

来跟你讲一个关于爸爸的故事吧。

去年 12 月的某一天，爸爸十分匆忙地在成都待了半天时间。办理完公务，爸爸给一位多次请求与爸爸见面的读者打了电话。他是一位成功的中年男人，一家大型国企的财务总监。他接到爸爸的电话，非常激动，立马推掉了所有的应酬，来请爸爸吃饭。席间有很多人，包括爸爸的客户。他见到爸爸后，特别地激动，紧紧地拉着爸爸的手。爸爸亦深受感动，因为爸爸第一次受到了一位陌生人的如此的礼遇。席间，从他的讲述中，爸爸知道了受到如此尊重的原因。原来，他有一个已经上高中的儿子，大概是由于青春期叛逆的原因，父子之间根本无法沟通，儿子甚至有点不良少年的苗头和倾向。因一个偶然的机会，他看到了爸爸写给你的前十二封信，读完后自己感觉如获至宝，就每天转一封给儿子阅读。没想到，他儿子认真看完爸爸的信后，完全变了个人：变得彬彬有礼了，变得热爱学习了，变得愿意与父亲坐下来认真沟通和交流了。真的没想到，爸爸的文字，改变了一位花季少年。另外，他还告诉爸爸，他听从爸爸的投资建议，在 2015 年股市的最高点，把所有股票获利后清仓，并根据爸爸的建议，买入了以美元计价的博时亚洲票息基金（当时人民币贬值趋势尚未被管理层充分认识到，该基金还未限购）。他不但因为爸爸的文字躲过了股灾，而且还通过博时亚洲票息持有了美元计价资产，截至目前盈利 20% 以上。

　　上述的真实故事，爸爸不但得到和实现了"尊重需求"，而且更加得到和实现了"自我实现需求"。

　　最后，爸爸要告诉你的是，爸爸基于"龙门"这个微信公众平台的写作，也是带有功利性目的的。爸爸利用业余时间，持续不断地坚持写作和维护这个平台，与查良镛先生当年办《明报》是一个性质。创办和维护一个微博号或者微信公众号，可以在某种程度上被视为办了一份电子报刊，当然，创办人是不能在这个平台上胡乱发言的。"龙门"的写作，有点类似于当年查良镛先生写武侠小说，也是为了通过有价值的文章来吸引读者的，也就是大家所言的"粉丝经济"。在爸爸持续不懈的努力下，"龙门"已经具备了较大的影响力。爸爸已经通过这个平台，帮助到了很多人。很多人不但从这个平台获得了信息、知识，更重要的是，许多人也因为爸爸的文章，从股市上获得了真金白银的收获——能够帮助到人，其中绝大多数还是陌生人，爸爸感觉这是一件非常有价值的事情。

　　祝你好运！

爱你的爸爸

2017 年 1 月于家中

第十九封信
使自己快乐是一种能力，
让别人快乐是一种慈悲

亲爱的女儿：

你好！

给你的这些信，不是写给现在的你阅读的，作为一名五年级的小学生，你还无法完全领会这些信的思想。但这无关紧要，爸爸很快会将这二十封信编辑并出版，等你再长大几岁，你自然就能够知道爸爸想对你表达的想法了。

在撰写和陆续发表这些信的过程中，万万没想到的是，爸爸在"龙门"的后台收到了无数的好评。正是这些好评，激励着爸爸一直写到今天的第十九封。其间，爸爸也收到几位出版人的建议，可以把这些信结集出版，以便让更多的人受益。关于家书，最著名的大概是两本，一为《曾国藩家书》，一为《傅雷家书》。这两本著名的家书，都有其特殊的历史背景。爸爸给你的这二十封信，可谓现代版的"李氏家书"。

爸爸还是把视角拉回我们家的历史吧。我们家祖上，曾经是有族谱的，可惜的是在"文革"中被迫烧毁了。从父辈以及村子中老辈人的讲述中，爸爸大体可以整理出我们家的大概历史。我们家的始祖，是明朝时被朝廷派到云南戍边的一位武将，他受命从江苏南京带领着自己的部队，来到了现在我们云南老家的地方驻扎下来，边戍边，边农垦。由于是武将的后代，我们家一直保持着习武的习惯，一直到太祖爷爷（爸爸的太爷爷）的时候，这个传统都保留着。据村子里的老人回忆，太祖爷爷身材魁梧，力大无穷，身怀绝技。他年轻的时候，可以以一当十，也就是说，十位年轻力壮的小伙，都不敌太祖一人。可惜到了太爷爷辈，习武这个传统在我们家失传了。村里的老人说，太祖爷爷虽然身怀绝技，却从来不仗势欺人。他在村中享有极高的威望，因为为人仗义且公正、正直，所以村民如受外人欺负，或者互相之间发生纠纷，都十分愿意请他来帮忙调节。爸爸此前的信中也曾讲过，由于我们家祖先的智慧和勤勉，在太祖爷爷一代，家里拥有百亩良田，富甲一方。

你有一对双胞胎弟弟。很多人来向爸爸取经：如何能够生双胞胎？爸爸和妈妈的家族史上，都没有这个基因遗传。爸爸想来想去，最终得到的答案是，我们家祖上一直是积德行善之家，所以上天在爸爸的身上，给了一次机会，让你得到了两个可爱的弟弟。从小从长辈那里，爸爸受到的都是极为正面的教育，即长辈们都要求爸爸善良、正直、积极、阳光地活着。爸爸从他们朴素的教育中，深深地领悟到了这样的人生哲理：人生而在世，要走大道，走光明正道，不要投机取巧。唯有如此，才能活得心安；活得心安，方能凝聚浩然正气。在这里不是跟你讲大道理，活到中年，爸爸看到了很多人间的悲欢离合。在与爸爸交往过的人中，其中不乏因为投机取巧，比如贪腐，比如因为在领导职位上目中无人、不能公正处事而被送进监狱里的案例。

如何使自己过得幸福和快乐，真正是一门巨大的学问，也是我们一生修行所追求的大智慧。爸爸之所以跟你讲这么多，其实是在告诉你一个道理：要想获得人生的幸福和快乐，善良、正直、积极、阳光的心态是必备的基础。

爸爸再要告诉你一个道理：什么是人生的成功？爸爸认为，使自己获得让自己内心能够感觉幸福和快乐的能力，就是人生的成功。人生的成功，并非是你能够当多大的官、获得多大的权力，或者能够获取多大的财富。如果我们为了获取高官厚禄，如果我们为了获取巨大的财富，而采取了不正当的手段，那么我们所获取的一切都迟早会消失掉。比如，近年来被抓的那些高官巨富，或许都曾因拥有过巨大的权力和巨额的财富而显得无比成功和快乐，可惜最后的结局却是非常悲惨。这也正是爸爸上面告诉你的"人生而在世，要走大道，走光明正道，不要投机取巧"的道理。

爸爸再给你讲一个真实的故事吧。刚到深圳时，爸爸与一位师姐同时在一家公司共事。爸爸的那位师姐，能说会道、巧舌如簧，这或许可以视为她的优点；但是，她做事却没有底线，为了金钱地位，耍尽手段，最后还是彻底葬送了自己的职业生涯。

不走正道，走歪门邪道，也许会在短时间内给人带来"快乐"，但最终的结局必定是悲惨的，很可能会名誉尽失、家破人亡。

亲爱的女儿，"人上一百，形形色色"和"林子大了，什么样的鸟都有"这两句话，虽然浅显，却深刻地说明了我们生存的这个世界的复杂性，深刻地说明了人性的复杂性。人到中年，做的又是必须频繁与人打交道的事情，爸爸说自己"阅人无数"，一点都不夸张。所以，爸爸对于"使自己快乐是一种能力"这句话，也有着深刻的理解。要获得这种能力，是一件多么不容易的事情啊！

下面，爸爸要给你讲的是"让别人快乐，是一种慈悲"的道理。

还是讲故事吧。讲讲你爷爷的故事。你的爷爷是一介平民，无权也无钱。但是，爸爸却发现了一件十分有趣的事情：每到春节，都会有很多人，也就是爷爷的一些老朋友或者他们的后代，来给爷爷送礼物——一瓶酒，一条鱼，一箱水果。这样的事情，刚刚过去的春节里，你也亲眼看到了。为什么爷爷能够受到别人的尊重？是因为爷爷曾经在他年轻的时候，帮助过很多人。或者，是那个时候，让很多的人"获得了快乐"。

先说说爷爷和老家附近养老院的孤儿小红的故事吧。

小红在刚刚过去的春节里，给爷爷送了一条硕大的鲤鱼。小红的年龄跟爸爸差不多大。爷爷年轻时，在养老院里有位盲人朋友，来自江西的小潘，所以爷爷会经常到养老院里去看望小潘。小红就是因此而认识爷爷的。小红是一个父母双亡的孤儿，他在这个世上，就根本没有一个有血缘关系的亲人，非常可怜。爷爷很同情年幼的小红，所以每次到养老院里，就会找小红来一起聊天，每个月都会主动拿着理发的工具，去帮助他理发，有时还会带年幼的小红出去玩。渐渐地，小红对爷爷充满了依赖，将爷爷视为自己的父亲，而爷爷也将小红当作自己的儿子来对待。其实，爷爷与小红的故事并没有任何惊天地、泣鬼神的情节，只不过是日复一日地这么交往了下来。后来，小红长大了，就留在了养老院作了一名职工，有了自己的收入。到小红该结婚的年龄，爷爷深知他是一个值得依靠的善良人，就把自己一位朋友的女儿介绍给小红。后来，小红结婚生子，有了自己幸福的家庭，再也不是一个孤苦伶仃的孤儿了。如今，小红人到中年，而爷爷却逐渐老去，但他们近乎父子的关系，就这么一直保留了下来。即使是在平日里，小红也会经常带些糕点，来看望你的爷爷。

爷爷给到小红的，是慈悲的大爱；而小红反馈给爷爷的，是一颗感恩的心。爷爷"快乐了别人"，同时，他自己也收获了无限的快乐与幸福。

春节期间给爷爷送来一箱苹果的刘叔叔，是爷爷一位老朋友的儿子。爷爷的那位老朋友，早已经不在人世了。刘叔叔的父亲，当年因为客观原因身体残疾了，几乎完全丧失了劳动的能力。当时，刘叔叔家什么都没有，只剩下一间勉强能遮风挡雨的茅草房。有一天，刘叔叔的父亲来找爷爷商量，说是想把当时居住的茅草屋翻盖成瓦房，但是自己资金有限，看爷爷能否帮帮忙。爷爷仔细询问后，答应帮助他。爷爷一言既出，驷马难追，精打细算，帮助刘叔叔的父亲把房子盖成了。需要说明的是，第一，爷爷是盖房子的师傅，他有这个技术能力；第二，爷爷自己义务出工出力，没有收刘叔叔的父亲一分钱。所以，爷爷是尽心尽力、全心全意帮助别人的。即使刘叔叔的父亲早已经去世，但是，人家的后代还是记着爷爷的好，每到逢年过节，都会来看看爷爷。送的礼虽不重，但情谊却是如山的。

亲爱的女儿，人生在世，舍与得，很多人都愿意选择得，而非舍。但爸爸却认为，舍比得好。一是，说明自己有这个能力；二是，说明我们愿意帮助别人。正如胡雪岩所说的，人性是千古不变的。你成就了别人，实际上是成就了自己；你快乐了别人，实际上是快乐了自己。得到的喜悦，可能没有舍得的喜悦来得那么长久、那么高尚、那么意味深长。

几年前的一天，爸爸的一位同事的太太患乳腺癌住院了。他工作不久，并没有太多积蓄；而且，他是家中的独子，父母都跟着他在深圳住，他还有一个上幼儿园的儿子。

爸爸知道了，二话没说，就掏出了一些钱，送给了他。虽然钱不是很多，但是，代表了爸爸的一份心意，让他感受到在困境中，并不是一个人在孤身挺着。事情虽然已经过去好几年了，但那位同事一直记着爸爸的好。每当年节他发来短信或微信送来祝福的时候，爸爸的内心是无比温暖的。

当然，让别人开心，还有很多种方式。比如，在别人困难的时候，拍拍对方的肩；比如，在别人取得好成绩的时候，一声真挚的祝福……这个世界上缺少的是雪中送炭，而不是锦上添花。爸爸最希望你能做的，是雪中送炭。绝大部分人都怕吃亏，其实，吃亏往往是福。

事实上，"使自己快乐"和"让别人快乐"是相辅相成的。你让别人快乐了，大概率上你自己会更加快乐。当然，让自己快乐的方式，也是多种多样的。爸爸已经反复告诉你，用金钱可以买到感官快乐，但往往是短暂的。幸福和快乐是这个世界上最难得到的精神享受。越难得到的，越是需要付出艰苦的努力。比如，你设定了一个年度目标，经过自己艰苦的努力，你最终实现了，类似的快乐，才是真实的快乐。再比如，你阅读到了一本优质的图书，从中享受到的丰盛精神大餐，也才是真实的。

祝你好运！

爱你的爸爸

2017 年 2 月于家中

第二十封信
百善孝为先

亲爱的女儿：

你好！

今天，爸爸给你讲讲关于孝敬、孝顺长辈的事吧。这封信的题目，出自清代学者王永彬的名著《围炉夜话》中的《百善孝为先，万恶淫为源》。其原文如下："常存仁孝心，则天下凡不可为者，皆不忍为，所以孝居百行之先。"

《孔子家语·弟子行第十二》里，有关于"孝"的论述是这样的："孝，德之始也；悌，德之序也；信，德之厚也；忠，德之正也。参中夫四德者也。"孝敬父母是道德的开始，敬爱哥哥是道德的次序，信用是道德的深度，忠诚是道德的方向。曾参是恰恰具有这四种道德的人。关于"孝"，在中国的古代典籍中，有极为丰富的论述。之所以把这句话从汗牛充栋的典籍中，摘抄出来，是因为爸爸认为，这段话把孝敬、孝顺父母和长辈，作为人类道德的根基。无论是尊敬师长、信守承诺、忠于祖国，以及其他诸如正直、善良、友爱、乐观、积极、上进等美德的基础和源头，都是"孝"，就是孝敬和孝顺自己的父母和长辈。试想，一个连自己父母都不孝敬的人，他会值得你付出友谊、信任甚至重托吗？

"慈母手中线，游子身上衣。临行密密缝，意恐迟迟归。谁言寸草心，报得三春晖。"这是爸爸在你上学前，就教会了你的诗歌。母爱以及儿女对于母爱的拳拳报答之心，在这首诗里得到了集中的体现。有人曾经问过这样一个问题：这个世界上，存在天使吗？爸爸的答案是：存在的。所谓的天使，就是每个人的父母。当我们呱呱坠地，除了哭之外，还没有任何的生存能力，是谁如天使一样爱我们、哺育我们、关心我们、呵护我们？当我们年幼之时，是谁搀扶我们、引导我们、陪伴我们、保护我们？是父母。所以，父母不但将我们带到了这个世界上，并帮助我们长大成人。父母，就是我们的天使。父母给我们的爱与呵护，完完全全、彻彻底底是无私的，是自发的、天然的，不带有任何杂念的。父母，就是我们儿时的天使，是上天派来养育我们，教育我们，给我们带来人间大爱的天使！

在爸爸给你的第十四封信《梦中的乡村，衰败的农村》中，有过一段对于小燕子一家的描述，那是一幅多么温馨和感人的来自大自然的画面啊！你可能没有见过母鸡是如何呵护自己的小鸡的，爸爸小时候就见过。你如果不经意间接近带着一群小鸡的母鸡时，母鸡会毫不犹豫地向你扑过来，宁可牺牲自己的性命，也要竭尽全力来保护自己幼小的儿女不被外来的力量侵犯。所以，母爱不仅仅是人类所特有的，一切有生命的物种，大概都存在着无私的父母之大爱，感人至深！

在所有的人类社会，不分国家、不分种族、不分信仰，都会大力提倡尊老爱幼的基本伦理道德。但是，没有任何一个国家或者民族，会像中华民族一样，如此地提倡"孝道"。比如，著名的儒家经典《论语》里，就有多达 12 段语录论及"孝"。最经典的是这么一段话："子曰：弟子入则孝，出则悌，谨而信，泛爱众，而亲仁。行有余力，则以学文。"对于儒家文化的浓缩，是这么几个字：忠、孝、仁、义、礼、智、信。其中，"孝"排列在第二位。

为什么中华民族特别提倡和讲究"孝"呢？爸爸的理解有二：第一，古代中国一直处于农耕社会，而农耕社会是不会像现代社会一样，从国家层面设立养老保险制度，那么，古代中国提倡"孝"，实质上是一种道德层面的"养老制度"——养儿是为了防老，等到自己老迈而无法劳动时，需要自己的子女来抚养自己，以使自己能够安度晚年，所以，古代中国会从国家的层面，从国家文化的道德层面来大力提倡晚辈对于长辈尤其是父母的孝敬，以确保"幼有所教，老有所依"，从而使得整个社会能够繁衍与延续；第二，"孝"是"忠"的基础，在中国古代"半部《论语》治天下"的语境下，"忠"是中国古代所倡导的臣子和人民对于国家的态度，很多人理解为"忠"是臣子和人民对最高统治者皇帝的态度，即所谓的"君君、臣臣、父父、子子"。在一段时间内，主流话语认为这是封建余孽。爸爸并不如此认为。在特定的时代语境下，臣民对于国家，或者说对皇帝的忠诚，是中华民族得以香火延续的基础，是中华民族与中华文化强盛的基础。儒家文化在家庭层面提倡"孝"，方能理直气壮地在国家层面提倡"忠"。在中国古代，在朝为官的官员，如果其父亲或者母亲亡故了，必须辞官回家守孝三年。儒家经典认为，一个人尤其是一位身负国家重任的高级官员，如果连自己的父母都不能尽孝，那么怎么可能为国尽忠呢？中华民族的血统和文化之所以能够延续五千年，成为四大文明古国中唯一血脉不断的伟大国家，爸爸认为，与后来中国选择了以儒家文化为治国的理论和伦理基础，是有很大关系的。我们应该以历史的眼光，来看待这些问题。

在中国古代，当一个人尤其是一位身负国家重任的官员，在忠、孝不能两全之时，往往会选择忠，选择为国献身，是为至孝与大孝也。他们，比如岳飞，比如文天祥等民族英雄，就是典型的代表，并因此而流芳百世。

当然，儒家的伦理和思想，提倡的并非愚忠：如果皇帝实行的是仁政，对待老百姓好，那么臣子就要对皇帝忠诚；但如果皇帝是个昏庸无能的暴君，那么，臣子就不必忠于他，甚至可以群起而推翻他。

亲爱的女儿，随着时代的变化，"孝"的观念也随之而改变。比如，中国古代的"二十四孝图"里面所提倡的那些"孝"，随着时代的变化，已经不合时宜了。二十四孝里讲到"恣蚊饱血"的故事，说的是晋朝豫章人吴猛，八岁时就懂得孝敬父母。家里贫穷，没有蚊帐，蚊虫叮咬使父亲不能安睡。每到夏夜，吴猛总是赤身坐在父亲床前，任蚊虫叮咬而不驱赶，担心蚊虫离开自己去叮咬父亲。在现代的条件下，我们完全有办法轻而易举地对付蚊虫的叮咬，根本不需要像吴猛一样通过"恣蚊饱血"来让父母避免被蚊虫叮咬。况且，作为现代的父母，也不可能忍心让自己的儿女这么做。在现代的语境下，"孝"是尊老爱幼，是父母与子女之间的爱。因为，在现代社会，以"孝"作为养老制度的时代已经基本过去了，养儿并非完全是为了防老，而且爸爸妈妈未来也完全不需要你和弟弟们来为我们养老。爸爸妈妈养育你们，更多的是一种爱的体现。等到爸爸妈妈老了之后，你和弟弟们只要按照爸爸妈妈如何对待你们的爷爷、奶奶和外公、外婆一样对待我们，爸爸妈妈就非常满意了。

在你的外公尚健在的时候，爸爸妈妈作为他们的女婿和女儿，经常去看望他们。外公离世后，爸爸妈妈立即把外婆接到我们家来与我们同住。没想到，外婆由于辛劳过度，患了肝硬化。爸爸找了深圳最好的治疗肝硬化疾病的医生和医院为外婆治疗，连同同样在深圳居住的你的姨妈、舅母一起，细心地照顾外婆。爸爸从心底里希望外婆能够尽快治疗好疾病，能够多与我们一起享受生活。爸爸与妈妈结婚后，爸爸已经忘记了有多少次开车往来于深圳与吉安老家之间了。

近十年来，每到过春节，爸爸妈妈就轮换着回两个老家。爸爸妈妈其实一直是希望爷爷奶奶能来深圳与我们住在一起的，但是，爷爷奶奶受不了华南的闷热，最后还是选择了跟你的叔叔一起生活。回到了老家，爸爸尽量减少外出的时间，把更多的时间用来陪伴爷爷奶奶，陪他们聊聊家常。很多时候，爸爸与爷爷奶奶可能就是静静地坐在一起。爸爸很珍惜与爷爷奶奶在一起的时光，因为爸爸深知，到了爷爷奶奶这个年纪，日子是活一天，就少一天了。对于爷爷奶奶，爸爸既"孝"，也"顺"，即使他们说的不一定对，但爸爸从来不会去反驳他们。

还记得你大约四岁的时候吗？那时，爷爷生病了，患的是喉癌。你的叔叔把爷爷送到了南宁一家大医院去治疗。爸爸也立即请了假，带上你和妈妈一起去南宁。医生告诉爸爸，爷爷的病有两种治疗方案：一是直接把声带切除，治疗效果最好，但结果是，爷爷从此将变成一个哑巴；另外一个方案是，保留声带，把声带上的肿瘤切除。但是，第二种方案，必须是医院最好的医生才能胜任。爸爸用最大的诚心请到那位医生，爷爷的手术很快就做好了，而且极为成功。爷爷不但治好了病，而且也没有变成哑巴。我们一家三口人（那时，你的两个双胞胎弟弟还未出生）在南宁陪了爷爷一周，每天买菜做饭，送到病房里给爷爷吃。爸爸怕爷爷寂寞，还专程到商店里买了一台袖珍收音机给他解闷。

孝顺父母，是有家传的。父母爱自己的子女，是一种天然的本性，正如爸爸上文跟你谈到的一样。而子女是否孝顺和爱自己的父母，那就难说了。不孝顺父母的人，甚至是忤逆之子，大有人在。爸爸之所以孝顺长辈，除了爸爸要对得起自己的良心之外，还有就是爷爷奶奶当年的言传身教。正如爸爸在给你的第十三封信《我们家的生活智慧》里谈到的一样，爷爷奶奶对于他们的长辈，也是极为孝顺的。一个想获得和睦的家庭，一个想获得幸福的家庭，缺少了"孝"的存在与延续，是基本不可能实现的。爸爸跟你说过这样的话："有人说，一位好媳妇，幸福三代人。奶奶就是这样的好媳妇，她以自己的爱心、谦让和孝顺，让太奶奶、爷爷和爸爸兄妹四人，三代人能够在那个物资匮乏的年代，获得了最大的幸福。"如果不是奶奶生活的智慧，爸爸兄妹四人中是不可能出三个大学生的。

在爸爸小时候，爷爷讲过一个故事：有人嫌弃自己年迈的母亲，就带着自己的儿子，用背篓背着年迈的母亲，到了深山，连同背篓，把自己的母亲丢弃了。儿子对父亲说："爸爸，我们还是把背篓拿回去吧。"爸爸问儿子："为什么呀？"儿子说："留着背篓，等您老了的时候，我好用它来把您背到深山里。"父亲听了儿子的话，非常惭愧和恐惧，知道自己做错了，就用背篓重新把自己年迈的母亲背回家，好生侍奉。这个故事可能是虚构的，但它在爸爸的脑海里打了深深的烙印。一个人，如何对待自己的父母，他的儿女，也会向他学习的。

爸爸一直认为，孝顺父母和长辈，不但能够使自己的良心得到抚慰，同时，也是一种生活的智慧——它能给一个家庭带来和谐、幸福、吉祥与好运。人在做，天在看。爸爸小的时候，对于太奶奶，也是非常地孝顺。太奶奶的尿盆，只要爸爸在家，都是爸爸帮她老人家端到厕所里倒掉。在太奶奶行动不方便的时候，爸爸就会背着她老人家到院子里晒太阳。爸爸一直以此为乐。

亲爱的女儿，爸爸希望你也能向爸爸和妈妈学习，把咱们家孝顺长辈、尊老爱幼的优良传统继承下去。如果你能够向你的奶奶学习，你会收获到你意想不到的美好。

最后，爸爸以一个真实的故事来结束今天的信吧。

二十多年前的一天傍晚，村子里的一位老人来找爷爷聊天。他们坐在村子里那千年古树的树根上，天南海北地聊了很长时间。天黑了，那位老人突然对爷爷说，他实在过不下去了，因为他的儿子和媳妇对他不好。老人对爷爷说："我要走了。"爷爷听出了老人的意思，苦苦相劝，希望老人家能想开点。然后，他们互相道别，各自回家了。第二天，就传出了那位老人去世的消息。

今天就聊到这里吧。

祝你好运！

爱你的爸爸

2017 年 2 月于家中

厚重的礼物
——给爸爸的回信

亲爱的爸爸：

您好！

对于我来说，近年来得到的最好的礼物，不是您送我的春节的压岁钱，也不是什么奇特的玩具，而是爸爸即将出版的这本书。这是您专门给我写的二十封信的结集，捧在手上，我感觉到了您厚重的父爱。因为我知道，绝大部分的孩子，都不太可能获得这样一份凝聚着父辈无数心血的特殊礼物的。当我接到这份特别的礼物时，我感受到了一股神秘的心灵圣水的冲击，将我的玩念全部冲走了。

这一本书对我来说意义非凡，它是您总结的人生经验。收到它，我仿佛感觉自己长大了。虽然我还不能把每一封信都读懂，但是，我期待着它的正式出版。等这本书出版了，我会将它带在身边，随时拿出来阅读。等我长大了，注定会离开您走上自己独立生活的道路，但是，将来每当我手捧它、阅读它的时候，就会感到您仿佛就在我的身旁陪伴着我，引导着我，激励着我……

这本由二十封信组成的书，其中每一封信您都会讲一个话题。我就拿其中的三封信来谈谈我对它们的理解和从中得到的收获吧。因为，它们比较贴近我的生活。

在《长大后，希望你能成为这样的人》里，您带我了解了一个人应该有的三大习惯：运动、写作和阅读。您在信中说，运动是健康的基础，健康又是幸福的标准之一，养成运动的习惯就是获得幸福的开始。难怪您一直坚持隔天跑步十公里。您在信里还说，阅读是一个人与他人产生交流和碰撞的通道，阅读可以获得心灵的自由。我们家就有一个很大的书房，里面藏满了各种各样的书籍。您有坚持每晚睡前阅读的习惯，家里的很多书您都阅读过。您在信中告诉我，写作是一种让人有大空间思考的能力，读了一本书，不写点什么来表达自己的理解就好像少了点什么似的。所以，您也坚持写作，您发表过的文字超过百万。您还创办了一个名叫"龙门"的公众号。您给我的信，都在您的公众号里发表过，引起了不小的反响。

您不但用文字的方式教导我，还用实际行动感染我。

在《为什么要学习？》里，您带我走进了学习的天地。您告诉我学习是快乐的。您举了您在学习中的思考和您的学习生活来说明，学习是怎么样让您在辛苦的求学过程中变得快乐开心的。在回忆中，您告诉我学习是为了打破疑问去获得真理，在反复不停地思考中获得幸福。我能模糊地理解您在信中说的，学习是为了学会选择的能力。我会按您的指导，通过学习掌握选择的能力，力争在自己未来的生活中取得主动。

在《常怀诗意与远方》里，您通过自己儿时温暖的回忆，和您对故乡旧事的怀念，带我走进了诗意与远方。在这封信里，您引用了我写过的一篇文章《蒜苗之美》。通过这封信，您让我知道了您小的时候的农村是什么样子。我能体会到您对童年的留恋，对故乡的怀念。如果不是这封信，我是永远不会知道您的童年和您童年的故乡是如此富有诗意的。

我特别喜欢并感谢爸爸送给我的这份厚重的礼物。它凝聚了深沉如山的父爱，将成为我始终取之不尽的精神源泉。

亲爱的爸爸，您在给我写这些信时，我才上小学四年级；如今，我已经上小学六年级了。我已经由当初的九岁，变成了现在的虚岁十二岁。现在，我终于能够懂得您的良苦用心了。

感谢您，我亲爱的爸爸！我爱您，爸爸！

深深爱您的女儿：李楼瀚宇

2018 年 2 月 28 日